EMPRESAS BRASILEIRAS CENTENÁRIAS

RENATO BERNHOEFT
& CHRIS MARTINEZ

EMPRESAS BRASILEIRAS CENTENÁRIAS

AGIR

Copyright © 2011 por Renato Bernhoeft e Chris Martinez

Direitos de edição da obra em língua portuguesa no Brasil adquiridos pela EDITORA NOVA FRONTEIRA PARTICIPAÇÕES S.A. Todos os direitos reservados. Nenhuma parte desta obra pode ser apropriada e estocada em sistema de banco de dados ou processo similar, em qualquer forma ou meio, seja eletrônico, de fotocópia, gravação etc., sem a permissão do detentor do copirraite.

EDITORA NOVA FRONTEIRA PARTICIPAÇÕES S.A.
Rua Nova Jerusalém, 345 – Bonsucesso – 21042-235
Rio de Janeiro – RJ – Brasil
Tel.: (21) 3882-8200 – Fax: (21)3882-8212/8313
www.novafronteira.com.br
sac@novafronteira.com.br

PRODUÇÃO EDITORIAL | Ana Carla Sousa e Rosana A. Moraes
REVISÃO | Hugo Langone e Midori Faria
CAPA | Valter Botosso Jr.
DIAGRAMAÇÃO | Leandro B. Liporage
IMPRESSÃO | Ediouro Gráfica

Texto revisto pelo novo Acordo Ortográfico

CIP-Brasil. Catalogação na fonte
Sindicato Nacional dos Editores de Livros, RJ

B448e   Bernhoeft, Renato, 1942-
           Empresas brasileiras centenárias / Renato Bernhoeft, Chris Martinez. - Rio de Janeiro : Agir, 2011.
           128p. : 21cm

           Inclui bibliografia
           ISBN 978-85-220-1255-8

           1. Empresas familiares - Brasil - História. I. Martinez, Christiane Olive. II. Título.

CDD: 658.0410981
CDU: 334.722.24(81)

Sumário

Sensações e razões que provocaram este livro 7
Prefácio 15
Um outro olhar sobre a empresa familiar brasileira 19

Parte I

Entrelaçados numa filosofia de vida (Ypióca) 25
Tradição de uma jovem senhora (Cedro Cachoeira) 37
Saúde em família (SulAmérica) 47
O legado de um artesão (Casa da Bóia) 57

Parte II

Indicadores de longevidade das empresas centenárias 65
A gestão patrimonial contribui para longevidade
    da família empresária 101
Empresa familiar no Brasil: origens e perspectivas 109
Diferença entre herança e legado 113
Empresas familiares europeias
    com mais de duzentos anos 117

Parte III

Posfácio 123
Bibliografia 127

Sensações e razões que provocaram este livro

Escrever é sempre um ato muito solitário — ou ao menos é o que diz a maioria dos escritores com amplo reconhecimento do público. Devo confessar que concordo com esta afirmativa. Porém, escrever é também um gesto que envolve inúmeros riscos para quem deve se sujeitar a avaliações. E isto tanto acerca da forma como do conteúdo. Pode-se até mesmo afirmar que é uma tremenda ousadia de quem se julga na condição de ter algo para contribuir e compartilhar.

Por outro lado, quem escreve deve, inevitavelmente, se renovar. Não poderá mais repetir em palestras, consultorias e declarações aquilo que já foi registrado em sua obra. Devo confessar que esta foi uma das lições que aprendi ao ouvir palestras de autores renomados. Era muito comum o público se queixar de o autor não trazer nada além do que já estava descrito no livro.

No meu caso, este grau de exigência se amplia ainda mais, pois me aproximo da "maioridade editorial". Afinal, este é o 16º livro de uma série que tratou de vários temas ligados ao comportamento humano, à qualidade de vida e a empresas familiares, sempre tomando como base a experiência e a cultura brasileira.

Mas, da mesma forma como o fiz ao longo do tempo, também estimulei outros profissionais a colocarem em livros ou artigos suas experiências. Considero que essa é uma das formas de registrar, divulgar e renovar a prática e o conhecimento desenvolvidos nos mais diferentes segmentos da sociedade brasileira, especialmente porque ainda somos muito carentes de registros, e até de valorização, do que é nosso.

Entretanto, quero destacar que este livro em particular tem várias motivações, objetivos e — por que não? — até pretensões.

A principal motivação é eu assumir o compromisso de me reinventar para esta nova fase da vida. Razão pela qual este livro representa minha última contribuição, de forma mais efetiva, ao tema da empresa familiar no Brasil. E o faço na qualidade de fundador da höft Consultoria Societária, criada em 1975 e considerada, segundo a edição 60 do "Journal of Business Research" de outubro de 2007, a primeira empresa no mundo com foco específico no tema das organizações familiares.

Esta motivação é também produto da nossa coerência, ao demonstrar que aquilo que pregamos e propomos aos nossos clientes é exatamente o que fazemos. Ou seja, de forma muito prática e consistente, também estamos preparando nosso próprio processo sucessório, o qual deve assegurar a continuidade do empreendimento independentemente de seu criador.

Assim sendo, e da mesma forma como por anos orientei fundadores, também chegou a hora de me reinventar para novos desafios, empreendimentos e projetos. Pois, como bem aprendemos, uma das formas de viabilizar a continuidade da empresa, agora sob responsabilidade dos sucessores, é iniciando e realizando todo este processo ainda em vida.

Do ponto de vista afetivo, não há aqui nada muito diferente dos sentimentos, dilemas e emoções que todos vivemos no papel de pais. Pois resta saber se preparamos nossos filhos para a vida e para o mundo ou apenas para satisfazer nossos desejos, frustrações e vazios existenciais.

Para uma família empresária este dilema é ainda mais amplo, pois envolve dupla figura daquele que é ao mesmo tempo pai e fundador. Em ambos os casos existe o desafio da continuidade, mas, é evidente, cada um representa diferentes papéis e contextos.

Neste livro, analisamos com exclusividade a perspectiva do empresário, razão pela qual as empresas centenárias oferecem uma valiosa contribuição.

A forma como um fundador pode continuar agregando valor ao que criou envolve novas atribuições nos níveis da governança da própria empresa. Simultaneamente, abrange a descoberta de diferentes papéis e responsabilidades que lhe possibilitem preservar a autoestima, o reconhecimento e um novo sentido para uma vida de contribuições associadas ao prazer.

A concretização deste livro, que trata das empresas familiares centenárias ainda sob o controle da família de origem, era um dos inúmeros projetos que durante muito tempo amadureci. Afinal, todas estas histórias de sucesso corroboram a própria razão de ser da höft, bem como reforçam sua metodologia e abordagem.

Outros livros, pesquisas e artigos já estão surgindo em decorrência da capacidade e do legado assumido pelos novos sócios e continuadores. Aliás, esta contribuição ao estudo da empresa familiar no Brasil sempre foi — e continuará sendo — um dos diferenciadores da atuação da höft nos seus 36 anos de existência.

Dos objetivos que levaram a pesquisa e elaboração desta obra, merecem destaque:

- valorizar a experiência e o sucesso das empresas familiares brasileiras;
- criar fontes de pesquisa sobre o tema da família empresária brasileira, servindo como alternativa para um universo editorial que tem publicado, cada vez mais, livros de autores com origem e conhecimentos de outras realidades culturais;

- consolidar uma referência bibliográfica para o universo acadêmico que ainda não incorporou o tema da empresa familiar como matéria curricular;
- estimular outros interessados ou estudiosos do tema da empresa familiar para que se sintam provocados a ampliar, aprofundar, criticar e pesquisar abordagens inovadoras do assunto. E que, dessa maneira, o estudo contribua para a melhor compreensão do fenômeno e das peculiaridades da empresa familiar brasileira;
- divulgar histórias empresariais — e seus protagonistas — para o devido reconhecimento de suas contribuições ao desenvolvimento do país;
- permitir que "executivos não familiares" possam compreender e se interessar pelas oportunidades de trabalho oferecidas por empresas de controle familiar;
- subsidiar profissionais que lidam com a empresa familiar brasileira — consultores, selecionadores, investidores, avaliadores, auditores, jornalistas etc. — com algumas informações que permitam ampliar sua visão sobre este universo;
- reduzir o preconceito que ainda cerca a empresa familiar em vários segmentos da sociedade brasileira.
- Acerca de nossas pretensões — e é sempre saudável ter algumas, até como forma de instigar a si mesmo e aos demais no processo da busca permanente —, elas podem ser condensadas da seguinte forma: tornar-se, de maneira provocativa e pioneira, uma referência para tudo aquilo que venha a ser produzido com o intuito de compreender a importância da empresa familiar no desenvolvimento de um modelo empresarial brasileiro.

Falando agora um pouco sobre a obra em si, vale registrar que, embora esteja dividida em vários capítulos, sua estrutura central se apoia em três pontos principais, a saber:

- as histórias de cada uma das empresas centenárias;
- o conjunto de indicadores — baseado em pesquisa realizada com as mesmas — dos fatores de sucesso e de dificuldades que se mostraram comuns a cada uma delas;
- suas experiências práticas e suas estruturas de gestão patrimonial, como forma de assegurar o processo de capitalização das empresas e a respectiva liquidez pretendida pelos sócios. Em particular, considerando-se a necessidade de tornar a família empresária — em linguagem financeira — num "ativo", em vez de um mero agente "passivo".

O objetivo deste livro é, portanto, analisar, registrar e identificar as razões que levam uma companhia a atravessar um século ou mais de vida. Escolhemos cinco empresas. Para chegar a elas, fizemos uma pesquisa prévia sobre muitas que já ultrapassaram os cem anos. Embora não sejam as únicas, é necessário registrar que o Brasil não possui um número muito significativo delas, em especial quando nos referimos a empresas que ainda se mantêm sob o controle da família que a originou. Vários grupos empresariais ultrapassaram esta marca, mas o seu controle mudou de mãos ao longo deste percurso. Portanto, não se enquadravam na premissa do trabalho. Da mesma forma, outros grupos convidados declinaram, alegando razões plenamente compreensíveis.

A amostragem procurou se pautar por três elementos que consideramos importantes:
- os diferentes segmentos de atuação;
- as diferentes regiões de atuação no país (para evitar destacar o eixo Rio-São Paulo);
- os diferentes tamanhos dos grupos (que englobam uma pequena empresa, para mostrar que a sobrevivência não depende do porte do negócio).

Vale registrar a disposição e a boa vontade das famílias controladoras em compartilhar seus percursos, desafios e conquistas ao longo de uma história secular. É ainda agradável e surpreendente ver neste trabalho a empresa familiar que talvez seja a mais antiga do Brasil: a Ypióca, localizada no Ceará, que já ultrapassou 164 anos de existência, mas continua se reinventando e rejuvenescendo de forma permanente.

A primeira parte desta obra é composta pelo prefácio escrito por Jorge Gerdau Johannpeter, presidente do Conselho de Administração do Grupo Gerdau. Além da sua importância, ele serve também como um testemunho do pensamento, dos valores e do percurso do próprio grupo, escrito em sua linguagem objetiva e direta. Seguem-se a história e a saga dos outros quatro grupos familiares que também participam deste livro. Elas foram escritas com base nas emoções, na determinação, nos tropeços e nas conquistas de cada um de seus fundadores e descendentes. Exatamente por isso, sugerimos que você, leitor, as desfrute com sensibilidade, de forma tranquila e desprendida. E procure evitar qualquer juízo de valor. Descritas com muita sensibilidade e num tom jornalístico e coloquial, por minha parceira de obra, a jornalista Chris Martinez, que dedica sua carreira à cobertura de empresas na mídia especializada, este livro relaciona o momento em que cada companhia foi criada e sua evolução. Retratando sua origem étnica e cultural, estabelece ainda uma interessante correlação com o contexto histórico do mundo e do Brasil.

Estão aqui testemunhos de pioneirismo que mostram o perfil empreendedor dos seus fundadores: figuras patriarcais, incansáveis e visionárias, que souberam criar obras que foram muito além das suas existências. São produtos de entrevistas, pesquisas e leitura de livros. Em muitos deles, é possível perceber um misto de determinação e sorte, típica característica dos empreendedores. São pessoas que se diferenciam dos demais porque foram capazes de vislumbrar oportunidades onde, para a grande maioria, só havia problemas.

Um dos pontos vitais a ser observado nas empresas descritas aqui é a importância do preparo da família para seu papel como família empresária. Ou seja, não basta "profissionalizar" a empresa; é indispensável também preparar os herdeiros para uma atuação consciente e profissional no papel de acionistas.

Isto exige tanto o processo educativo da família como também a criação de estruturas e eventos que viabilizem a transmissão do legado. Não basta herdar; é necessário um forte processo de comprometimento dos familiares para o seu novo papel, criado pelo vínculo do patrimônio com o legado e a sua história. A gestão patrimonial, onde se busca um equilíbrio entre a capitalização da empresa e a liquidez para os acionistas, é igualmente fundamental para o processo de continuidade.

Empresas de vida longa, como são as centenárias — em que o controle acionário se pulveriza de forma acentuada a cada nova geração —, devem reduzir o grau de dependência financeira dos herdeiros em relação aos resultados que serão distribuídos.

Existem também as chamadas "experiências de poda", nas quais são permitidas transações acionárias entre os sócios familiares usando instrumentos como acordos ou protocolos. Desta maneira, é possível reconcentrar o controle para facilitar o processo decisório. Porém, mesmo os que deixam de ser sócios da empresa continuam sendo membros da família, e, por isso, devem sentir orgulho de a ela pertencer. No entanto, só o farão se conseguirem criar fontes alternativas de realização profissional e, principalmente, de autonomia financeira.

Como se poderá verificar, as ações preventivas tomadas por alguns dos grupos e famílias aqui apresentadas se revestem de um alto grau de complexidade e delicadeza. Afinal, a família é um dos sistemas mais densos e sensíveis da nossa estrutura social, e não apenas pelos significados e implicações provenientes de seus envolvimentos afetivos, mas até mesmo pelos ressentimentos que a marcam. Exige-se ainda mais cuidado quando, somado a tudo isto, todos os descendentes se vinculam pela herança do patrimônio e de estruturas de poder.

Para que herança, patrimônio e poder não se destruam, é preciso construir um alinhamento claramente compartilhado. Além disso, para o seu efetivo funcionamento, torna-se indispensável criar estruturas de poder, bem como diferentes instâncias de governança onde os assuntos possam ser devidamente tratados. Todo esse sistema só funcionará se houver um constante processo de legitimação das respectivas lideranças.

Portanto, fica suficientemente claro que não basta ter uma boa gestão dos negócios. Como mostra uma pesquisa realizada pela höft na América Latina, 70% das empresas familiares que desaparecem ou são adquiridas têm como causa principal conflitos familiares ou societários não resolvidos.

Dessa forma, fica aqui nosso convite para que desfrutem desta leitura da melhor forma possível. Como todo livro, seu conteúdo não é definitivo. Ele deverá funcionar mais como uma provocação para o debate sobre o complexo e delicado tema da sucessão e da continuidade da empresa familiar brasileira.

Julgamos importante também registrar nossos mais afetuosos agradecimentos ao desprendimento e à colaboração das famílias controladoras da Casa da Bóia, Cedro Cachoeira, Gerdau, SulAmérica e Ypióca. Sem estes testemunhos esta obra não seria possível.

Gratidão também a Jorge Gerdau Johannpeter pelo seu aval e por nos dedicar seu tempo e prestígio ao prefaciar este livro.

Por último, agradeço aos meus sócios — e continuadores da höft — Wagner Teixeira e Renata Bernhoeft pela mensagem colocada, simbolicamente, no posfácio. Ela representa a "passagem da tocha".

A todos, nossa infinita gratidão.

Renato Bernhoeft

Prefácio

O trabalho do professor Bernhoeft é da maior importância para o desenvolvimento da cultura das empresas familiares no Brasil. No mundo todo, companhias desse gênero têm comprovado uma rentabilidade de 10% a 15% superior à de empresas que não possuem essa modalidade de controle acionário. A explicação é que normalmente as empresas de controle familiar que sobrevivem no ambiente empresarial conjugam dois fatores de sucesso. Sua gestão é feita com estruturas profissionais — caso contrário, não seriam perpétuas como são — e, geralmente, possuem uma visão estratégica de longo prazo, sendo este seu diferencial mais notável. O grande dilema que existe nas estruturas sem controle definido dá-se pela pressão de resultados no curto prazo, pela busca de resultados trimestrais imediatistas nos contratos de *stock option*, que acabam resultando na perda de oportunidades estratégicas de longo prazo para a empresa.

Analisar este fenômeno e conscientizar a sociedade brasileira sobre a importância da célula familiar nas estruturas econômicas é extremamente importante. Outro fato que auxilia a organização familiar é a aplicação dos conceitos plenos de sustentabilidade. Sabemos que a sustentabilidade baseia-se nos pilares econômico, ambiental e social. Os grupos empresariais de maior sucesso criam um conceito de responsabilidade social e ambiental amplo — novamente dentro do conceito de visão de longo prazo —, estabelecendo comunicação nas comunidades onde atuam a respeito de temas de interesse do próprio País. Este conjunto todo é que constitui o grande diferencial e que faz com que as empresas de controle familiar se integrem de forma humana dentro de suas comunidades. É importante debater essas questões, pois muitas vezes aparecem comentários sobre a avaliação da profissionalização da gestão e sobre o cuidado que esse processo demanda.

Gestão eficiente tem um capítulo decisivo: a competência de governança. Governança é o processo pelo qual se estabelecem as políticas de valores, as políticas de integridade, os valores e objetivos econômicos, sociais e ambientais de longo prazo. Uma governança bem-estruturada é outro diferencial importante que traz vantagens às empresas de controle familiar.

Por vezes surgem polêmicas sobre as empresas ditas puramente profissionais. Discute-se sobre os impactos que a profissionalização excessiva poderia trazer à empresa familiar, entendendo-se essa profissionalização como uma gestão não familiar. Entretanto, hoje o consenso vai na direção de que a profissionalização é uma atitude imprescindível a uma empresa, seja ela familiar ou não, e de que uma gestão familiar não se opõe à profissionalização. Empresas de controle e gestão familiar, nas quais os executivos familiares são profissionais competentes, têm mais vantagem competitiva no mercado em que atuam do que qualquer outra empresa. O problema que vejo hoje como mais grave é a falta de profissionalização, e este fenômeno pode ocorrer tanto nas companhias familiares de gestão não familiar como nas de gestão familiar, assim como nas que possuem outra modalidade de controle. E este, sim, é um fato que deveria ser muito discutido e estudado.

Esses são alguns pontos que devem ser profundamente analisados ao se fazer uma avaliação das empresas familiares e das histórias que aqui veremos.

Jorge Gerdau Johannpeter

Presidente do Conselho de Administração do Grupo Gerdau

Um outro olhar sobre a empresa familiar brasileira

O que é um jornalista senão um curioso? Um generalista, como definiu tão brilhantemente Guimarães Rosa, ele mesmo jornalista e escritor. Jornalista ouve e conta histórias, boas ou ruins. Com talento ou não. Isabel Allende era jornalista, mas ampliava um pouco a cada tanto e era péssima "periodista", como ela mesma diz. E, por sugestão de Pablo Neruda, seguiu curiosa, mas virou escritora de literatura. Eu sou curiosa. Mas jornalista, por ora. Não me especializei em nada, embora tenha passado 16 anos da minha precoce vida profissional me "generalizando" na prestigiada mídia voltada para a economia e os negócios. Então, a convite do consultor — agora amigo — Renato Bernhoeft, tive o privilégio de redigir histórias vencedoras num tom que me é peculiar, desprendido, coloquial e pretensiosamente literário. Ainda não invento, como Isabel Allende, mas também não sou amiga de Pablo, o Neruda, e por isso me atenho a relatar fatos. Quando aceitei o desafio de escrever sobre a Ypióca, a Cedro Cachoeira, a SulAmérica e a Casa da Bóia, a única informação que eu tinha era uma preciosidade. Os personagens — todos — já haviam ultrapassado a barreira dos cem anos e estavam vivos. Cheios de vida.

A proposta dessa parceria — que contou com a persistência de Renato em tentar "organizar" o caos na cabeça de uma jornalista que adora fatos — foi se desvencilhar do calor da notícia e narrar o legado de um quarteto de empresas com mais de um século e sob a gestão de uma mesma família fundadora. A Gerdau faz parte do livro e tem sua história sintetizada no prefácio assinado por Jorge Gerdau. A pretensão, aqui, era conduzir um texto sem a chatice professoral que, sem dúvida, adotamos quando nos prendemos a datas e dados históricos e que ainda está escrita em português de gramática antiga. A minha missão era apresentar um ritmo mais atual, com cara de reportagem. Para chegar a isso, ou tentar trazer você para bem perto de mim, li material oficial, oficioso, jornais, revistas, entrevistei alguns personagens — muitos dos quais nem têm seus nomes citados, mas deram vozes essenciais aos textos. De tudo que li e experimentei — incluindo a degustação de uma Ypióca que tem herança portuguesa e aquela palha trançada por artesãos do sertão nordestino —, extraí o conteúdo. E sem me estender, já que a ideia era concisão. Em linhas gerais, tentei acomodar as histórias em ordem cronológica, descrevendo o momento em que cada uma dessas companhias foi criada, assim como sua origem étnica e cultural, e estabelecendo uma interessante correlação com o contexto histórico do Brasil e do mundo.

Dona dos meus 37 anos — em que escravos eram tema de prova de história —, certamente não vivi os idos daqueles duros começos em que cá baixavam imigrantes empreendedores. Votei para presidente aos 16 anos — assim que se alforriou esse direito aos jovens brasileiros — e já nasci conhecendo banheiro, privada e a seriedade com que se erradicou doenças como a febre amarela. A minha geração escreve, rabisca e apaga sem papel. É a era digital. Cartas? Nem as de amor vão pelo correio. Só por e-mail, e olhe lá. Gente da minha idade e nível social viveu a guerra por meio dos livros e dos seriados romantizados. Muito embora tenha estudado e lido — prática que vorazmente tenho — foi só pelas telas que chorei com a quebra da bolsa em 1929.

A guerra que causou dor, suicídio e outras mortes enalteceu a produção brasileira, cheia do nacionalismo getuliano. Isso eu conhecia pelos livros, mas só agora, de maneira encantadora, pude ver como brotou a indústria nacional. Uma delas? A do aço. Assim que cheguei à reportagem, como curiosa e jornalista, a CSN estava sendo vendida para mãos privadas (o que eu mesma relatei). Era um tempo em que dinheiro estrangeiro vinha para o Brasil. E algumas indústrias privadas daqui iam à caça de oportunidades lá fora, abrindo os seus tentáculos globais. Tal foi o caso da Gerdau, uma das maiores do mundo, mas que nasceu produzindo pregos a partir do arame de um aço que não havia aqui.

Lá para fora também foi a cachaça, essa aguardente tão peculiarmente brasileira, a branquinha incolor que, misturada a frutas, faz do Brasil o "dono" da caipirinha. Embora seja sinônimo de aguardente, a Ypióca pulverizou negócios certeiros, incluindo nesta bela história remédios para o combate ao câncer. Do exterior também importamos o embrião do que seria a SulAmérica, uma das maiores empresas de seguro do Brasil. Temos, ainda, a persistência dos tecidos tão bem-estruturados numa empresa que "pensou" em estrear em vários segmentos, mas manteve-se fiel às origens têxteis: a Cedro Cachoeira. Até mesmo a Casa da Bóia, bem menor e hoje restrita a um comércio cheio de charme, teve a sua importância trazendo "a fundição de cobre" para o Brasil e criando boias para privadas e caixas-d'água, num país ainda sem higienização.

Aqui estão histórias humanas e de pioneirismo que mostram o perfil empreendedor dos seus fundadores. Figuras patriarcais e determinadas, que souberam criar obras que foram além de suas existências. Em muitas delas é possível sentir um misto de determinação e (um bocado) de sorte. O que nada mais é do que aquela típica característica dos empreendedores: pessoas que se diferenciam dos demais porque foram capazes de vislumbrar oportunidades onde a grande maioria apenas enxergava problemas. Entre nessa história e veja por que essas empresas são vencedoras com o mesmo entusiasmo que senti ao escrevê-la.

Um abraço,

Chris Martinez

Parte I

Entrelaçados numa filosofia de vida

Queiram ou não queiram seus adversários, a cachaça é uma utilidade pública brasileira, dado o histórico nacional.
— *Carlos Drummond de Andrade*

A palha trançada pelas persistentes mãos de cinco mil artesãos abraça a mais tradicional garrafa da Ypióca. Essa embalagem feita de palha de carnaúba tornou-se a marca registrada da mais antiga fabricante de cachaça do Brasil. São mais de 160 anos de história que se misturam com a própria história do Brasil. E, neste caso, nas mãos de uma mesma família. Assim como boa parcela de empresas que surgiram no país um século e meio atrás, a companhia foi fundada por um imigrante que desembarcou em terras brasileiras em busca de um sonho.

Era 1846 quando o português Dario Telles de Menezes chegou aqui, aos 17 anos. Na bagagem vinda de Lisboa, trazia a experiência na fabricação de aguardente, um pequeno alambique de cerâmica e a vontade de se tornar um empreendedor.

Ali, na simplicidade de seus poucos pertences, estava traçado o começo do que seria uma trajetória longeva e vencedora, que resultou num grupo com negócios distintos, mas que nunca abriu mão de sua atividade principal. A saga da Ypióca se mistura com a história da aguardente no Brasil. Não há como dissociá-las. A companhia construída pelo imigrante europeu inovou o jeito de produzir, embalar e vender cachaça, criou a jeitosa e diferente garrafa de palha — na década de 1960 — e adotou o conta-gotas nas cachaças, assim como nas garrafas das melhores marcas de uísque. Também se diferenciou ao colocar nas prateleiras uma cachaça orgânica, nos idos de 2000. Além de ter sido a primeira fabricante nacional a exportar cachaça em 1968. A Ypióca entrou no Velho Mundo pondo seu artesanal líquido incolor na Alemanha e, hoje, está presente em outros quarenta países, como Espanha, Itália, Estados Unidos, França, Japão, Grécia e China. São sete fábricas no Brasil, vinte mil funcionários e um rol de atividades que vai da aguardente à produção de água, peixe e até combustível. Hoje, são fabricados mais de oitenta milhões de litros ao ano e seu faturamento bateu na casa dos 300 milhões de reais em 2009.

O começo do grupo remonta a tempos antigos e tem como cenário o sertão do Brasil, mais precisamente a cidadezinha de Maranguape, região que pertencia à Fortaleza, no Ceará. Ali, o jovem Dario Telles toma posse de uma propriedade semiabandonada chamada Ypióca — palavra de origem tupi-guarani que significa "terra roxa". Então, ele começa a plantar cana-de-açúcar e, já no ano seguinte, adquire um antigo engenho de madeira rústica. Em 1846, do pequeno barril *made in Lisboa* sai o primeiro litro de cachaça brasileira. Foi um início tímido: a produção era de trinta litros por dia e a cachaça, vendida a granel em recipientes conhecidos como canada (assemelham-se aos açucareiros antigos, aqueles com alças dos dois lados). Cinco anos depois, os negócios já davam sinais de que prosperariam, num futuro próximo. Então, Dario formaliza a compra das terras Ypióca, preservando o nome daquela que seria uma das cachaças mais famosas do país.

No mesmo — e amplo — terreno tem início sua expansão. Primeiro com a construção da casa da família — sede do Sítio Ypióca e, atualmente, Museu da Cachaça. Ao lado da casa, no alto de uma pequena torre, a família decide colocar um grande sino de bronze. Sua função era "baladar" comunicados — seja para anunciar o início e o fim de um dia de trabalho, seja para avisar a morte ou o nascimento de alguém. Isso se tornou uma tradição da Ypióca.

A cachaça que nasceu e cresceu a partir do Nordeste foi se aprimorando ao longo dos anos. O fundador cuidou pessoalmente da sua evolução durante os 52 anos em que administrou o negócio. Nesse período, viveu momentos históricos do Brasil — da abolição dos escravos à proclamação da República, em 1889. Mesmo enérgico, aos 69 anos, ele decidiu passar o comando do grupo ao filho mais velho, também batizado Dario, em 1895. Já naquele tempo podia-se dizer que foi uma sucessão planejada. O primogênito era fruto de sua união com Emilia Roza Borges, com quem se casara em 1874 e tivera dois filhos.

A segunda geração da família Telles assumiu o comando, portanto, em 1895 e permaneceu nele até 1924. Dario, tal como o pai, era visionário e empreendedor. Assim que se sentou na cadeira de presidente, comprou um engenho de ferro fundido que, embora também fosse manual, permitiu o aumento da produção da cachaça. Havia sido uma tacada de mestre: a aguardente passou a ser vendida em garrafas de 600ml, com o líquido envasado artesanalmente por meio de um funil. Afinal, até 1900, a bebida era vendida exclusivamente em tonéis especiais de barro, chamados ancoretas. Assim também, nos primeiros anos do século XX, a empresa passou a utilizar garrafas de vidro e rolhas de cortiça.

Apesar de brilhante, Dario (o filho) teve uma passagem meteórica pela Ypióca: faleceu aos 31 anos. Diante da tragédia precoce, sua esposa, Eugênia Menescal Campos, assume o comando. Os dois haviam se casado quando ele tinha 23 anos, em 1903, e tiveram seis filhos (dois homens e quatro mulheres). Eugênia sempre teve interesse pelos negócios do marido. Mas, até então, sua interferência se restringia à criação: foi ela quem desenhou as letras em preto e vermelho que, até hoje, colorem o logotipo da marca. Com o mesmo arrojo de Dario, Eugênia tocou o dia a dia da Ypióca por 13 anos. Determinada, subia no lombo de um cavalo para verificar o serviço no canavial. Até hoje, foi a única mulher a presidir o grupo.

Quando saiu da presidência, deixou o posto sob os cuidados do filho, Paulo Campos Telles, o primogênito, que tinha apenas 18 anos. Era a terceira geração a assumir o comando em 1924. A missão de Paulo era poupar a mãe, e para isso pediu demissão de uma pequena loja de ferragens e suspendeu a matrícula da escola. Desde então, mergulhou intensamente na empresa fundada por seu avô. Ficou na companhia por 46 anos. Nessas quatro décadas e meia, pôs em prática os mais inovadores conceitos de marketing e fez a Ypióca decolar. Foi sob a sua administração que a cachaça chegou a terras estrangeiras e conquistou o mundo. Também foi ele quem mudou o layout, tornando-o mais atraente e moderno.

A ideia sonhadora — e certeira, como se percebe hoje — de Paulo Telles era transformar a cachaça numa bebida mais refinada, sem o ranço de ser um produto popular, barato e de baixa qualidade. Essa "cachaça melhorada" foi apelidada de uísque nacional. A melhora na qualidade foi possível porque houve sofisticação na produção, que começou a ser feita em tonéis de madeira de bálsamo, iniciando, assim, o processo de envelhecimento. Isso conferiu mais sabor e cor (amarelada) à bebida. Além da Ypióca original, nasceram outros filhotes do mesmo grupo, como as marcas Feitiço, Cristal e Fortaleza. Foi nessa mesma época que a fabricante surpreendeu o mercado, adotando o bico dosador dos uísques e também a hoje conhecida embalagem feita de palha de carnaúba — marca registrada da Ypióca.

Embora adorasse a cachaça e tenha feito tudo em prol do produto, foi Paulo Telles quem deu início à diversificação do grupo. Nos primeiros anos de sua administração, ele inicia a distribuição de lenha na região de Maranguape e Fortaleza. Depois, começa o plantio de arroz, feijão, milho e a criação de gado — tanto para consumo interno quanto para a venda. Na Segunda Guerra Mundial, tem uma bela sacada e passa a vender verduras numa pequena "tenda" junto à Base Aérea do Pici, em Fortaleza. De pouco em pouco, ampliou os negócios e ficou conhecido na empresa como o "homem de marketing". Os mais famosos slogans da Ypióca foram criados por ele. Um bom exemplo foi: "No lar, no bar, em todo lugar. Ypióca." Paulo não se cansava de dizer que queria ver a Ypióca em todo o Brasil e também no mundo. Aos amigos, servia doses de cachaça acompanhadas de frutas da estação. Não as misturava, mas estava ali a dica do que seria, anos mais tarde, a famosa caipirinha.

Doze anos depois de dedicar-se exclusivamente ao grupo, Paulo enveredou-se pela carreira política. Entre 1936 e 1938, foi prefeito de Maranguape. Em sua gestão, preparou a cidade para o desenvolvimento industrial. Deu certo. Anos mais tarde, a vocação têxtil desabrochou, fazendo do município um dos polos de confecção mais modernos do estado. Em 1941, casou-se com Maria Augusta, com quem teve dois filhos, Maria Eugenia e Everardo — o atual presidente. Faleceu em outubro de 1978, aos 73 anos.

Em uma carta escrita ao seu filho Everardo — e que hoje se encontra no acervo do Museu da Cachaça —, Paulo Telles enumera cinco pontos que acredita serem fundamentais para o sucesso e a longevidade de uma empresa:

"Só se administra sentindo os problemas. Para sentir os problemas, é preciso conviver com as operações, o trabalho etc. Muitas firmas crescem e, depois, perdem o controle por falta de organização pessoal, não mantendo em forma a chave da manutenção, do desenvolvimento, do desenrolar harmonioso das operações. São necessários:

1. Assistência na mão de obra em geral com respeito à pessoa humana. No setor pessoal, assistência nas distribuições das operações de trabalho. Tudo em harmonia, para que as energias depositadas sejam aproveitadas no trabalho de cada pessoa.

2. Dar respeito à pessoa humana, assistindo-a (dialogando, corrigindo problemas, fazendo a manutenção em equilíbrio dos valores salariais e da alimentação, quando merece o caso, de cada grupo de pessoas).

3. Controle do material de trabalho (ferramentas de mão de obra especializadas, chaves, tratores, peças, almoxarifados etc.).

4. Segurança desse material em forma de entrega e recolhimento.

5. Colocar o operário certo para o serviço certo, não contrariando suas aptidões e sem ocasionar prejuízos na produção."

Segredo secular — O passo a passo deixado por ele é seguido pela quarta geração da empresa, sob o comando de Everardo Ferreira Telles, que assumiu a empresa em 1970. Disciplina e determinação são as palavras de ordem, enraizadas no DNA da família Ypióca. Essa é uma filosofia de vida também adaptada aos negócios e que os Telles fazem questão de repassar aos seus funcionários, nas atividades cotidianas. Uma das herdeiras, Aline Telles, que defendeu em seu mestrado uma dissertação sobre empresas familiares, repete como um mantra que o segredo da longevidade da companhia é justamente a manutenção dos ideais dos fundadores. O fato de a mesma família estar no comando desde a fundação permitiu a transmissão, ano a ano, de uma cultura bem-definida. "São valores comportamentais que dão um perfil claro a todos os nossos níveis operacionais e administrativos", afirma. Como estas características não podem ser medidas mas identificadas, a empresa tenta contratar profissionais que carreguem esses valores. "São profissionais comprometidos com o grupo, disciplinados. Trazem dentro de si aquilo que os nossos antepassados defendiam e que queremos perenizar", disse ela numa entrevista concedida ao jornal *Valor Econômico* em 2009.

Para Aline, que também ocupa o cargo de diretora, a longevidade da Ypióca só foi possível, até agora, porque herdeiros absorveram legado e valores da mesma maneira que receberam o capital herdado. Isso exigiu, de cada geração, competências e condutas que agregassem valor, tanto material quanto moral, ao conjunto. É Aline quem toca o constante treinamento de seus colaboradores. Há um sem-número de projetos: desde cursos para a formação de líderes e gerentes a reuniões que abordam temas diversos, como equilíbrio emocional, cultura geral, comprometimento e humildade. Talvez (ou justamente) por isso, a rotatividade de funcionários seja tão baixa, quase perto de zero.

"A empresa vem sendo passada de pai para filho. O sucesso desse crescimento da Ypióca é reflexo do exemplo que uma geração passa para a outra no que tange a integridade, ética, seriedade, coragem e humildade", testemunha o atual presidente, Everardo Telles. Mesmo preservando os ideais dos fundadores e sem sair de sua atividade principal, a Ypióca buscou aconselhamento externo. No fim dos anos 1990, orientada por uma consultoria, transformou-se em uma sociedade anônima de capital fechado. A reorganização societária se deu quando da chegada da quinta geração ao negócio e possibilitou a divisão do capital por meio de cotas acionárias. Agora, os sócios que desejarem se desligar da empresa podem vender suas ações. A quinta geração ainda está sob o comando de um presidente que pertence à quarta, Everardo Telles. Seus seis filhos adultos ocupam funções na empresa e, para conquistar postos mais altos, precisam de bons anos de estrada. O caçula tem menos de quatro anos.

Muito além da cachaça — Além de apostar alto no capital humano, repassando os valores dos fundadores, a Ypióca sempre investiu no diferencial do seu carro-chefe, a cachaça. Apostava, aqui e ali, em uma ou outra atividade paralela. Mas quando Everardo Telles assumiu a presidência, em 1970, a diversificação ganhou mais ênfase. Começou, com discrição, pelo campo. Teve início a criação de frango de corte e, posteriormente, em 1978, a engorda de gado. Em seguida, o leque foi aberto, com a compra de fazendas com criação de caprinos, ovinos e suínos, além da produção de leite. As principais mudanças, no entanto, se deram na década de 1990. Foi nesta época que a companhia passou a operar também na indústria de papel e papelão, produzindo caixas. O insumo básico dessa fábrica vem do bagaço da cana misturado com água e com papel reciclado, comprado de terceiros. Uma vez limpa e filtrada, essa massa resulta numa fibra de celulose e, depois, é transformada em caixas de papelão na unidade industrial Pecém Agroindustrial, localizada em Pindoretama, no Ceará. A capacidade de produção chega a setenta mil toneladas por dia, e o que não é utilizado para acondicionar os produtos da empresa é vendido pela Ypióca a terceiros. Assim como o papelão, seu braço pecuarista, batizado de Boticário Agropecuária, usa bagaço de cana e leveduras obtidas do processo de fermentação do caldo de cana na ração dos animais. Depois do campo, foi a vez de a empresa estrear no segmento de água, com a marca Naturágua, em 1993. O líquido provém das fontes naturais localizadas em dez hectares de Lagoa Redonda, em Fortaleza. Mas, além de envasar, a empresa também vende o líquido a granel por meio de um serviço que leva água mineral direto a apartamentos. Um caminhão-tanque de inox leva a água diretamente da fonte até um reservatório, também de inox, instalado em prédios de médio e alto padrão da capital. O consumidor tem a opção de degustar a bebida em três temperaturas: quente, ambiente e gelada. O serviço abastece vinte condomínios e tem contratos com outros oitenta prédios ainda em construção. Pelo sistema, o prédio é erguido com uma tubulação à parte do sistema de água da rua. O caminhão-tanque abastece um reservatório no alto do edifício, que distribui a água aos apartamentos.

O sucesso no mercado de água mineral engarrafada fez com que a companhia entrasse num outro segmento: o de garrafas PET e PVC. Surgiu, em 1996, a indústria de plástico com o objetivo de "garantir a qualidade dentro e fora da garrafa". Da água, a companhia pulou para o peixe, com a criação de tilápias que, depois, se transformou num negócio maior, com a produção de ração para peixes, a BR Fish. Essa empresa, entretanto, foi vendida em 2009 para a Guabi — uma das maiores fabricantes de rações do país. A transação, de valor não revelado, não envolveu a criação dos animais aquáticos, mantida sob o guarda-chuva da Ypióca.

A entrada no etanol foi um pulo, já que originalmente a Ypióca sempre cultivou cana-de-açúcar. Além disso, uma de suas unidades industriais possuía havia mais de dez anos a estrutura responsável pelo processo de evaporação e de condensação do caldo da cana, do qual se extrai o combustível. O ineditismo foi entrar no negócio de medicamentos. Com pouco mais de vinte milhões de reais aplicados em pesquisa, o grupo aposta suas fichas num remédio contra o câncer por meio da Amazônia Fitoterápicos — empresa da qual detém 55% de participação, em sociedade com cientistas brasileiros. À base da planta avelós, a droga vem sendo testada desde 2009 em pacientes do Hospital Albert Einstein, em São Paulo, e aguarda aprovação da Agência Nacional de Vigilância Sanitária (Anvisa) para chegar ao mercado.

Pinga chique — Na década de 1940, Paulo Campos Telles se ressentia porque a cachaça era tida como uma bebida pouco nobre. Chique era tomar uísque. Apesar de suas manifestações em defesa da cachaça como o uísque brasileiro, ele não conseguiu tornar a aguardente algo requintado. No entanto, a geração seguinte à sua o fez: criou uma pinga de uísque. Trata-se de uma mescla de cachaça envelhecida com malte, a qual recebeu o nome de Ypióca 160 e foi premiada como a melhor cachaça *premium* do mundo pelo International Cane Spirits Festival and Tasting Competition. A sua produção é limitada, algo como sessenta mil garrafas. Da mistura de *blends* e da tentativa de tornar a aguardente um produto *cool* e estiloso, a companhia criou também a aguardente saborizada. Há opções como limão e frutas vermelhas. Além disso, nos planos da Ypióca também continua a industrialização de bebidas misturadas. Afinal, no exterior já se vê cerveja com pimenta ou com tequila e vodca com chocolate. Hoje, o cardápio da empresa conta com 19 tipos.

Museu da Cachaça — A apaixonante história da cachaça e a saga da família ganharam um lugar especial, que as guarda para a posteridade. Desde 2000, a família mantém o Museu da Cachaça, hospedado no casarão que abrigou a primeira fábrica do grupo. É um espaço precioso onde se preserva a memória de um tempo que se foi e onde os excessos estão materializados num enorme tonel de madeira. Superlativo, o tonel tem capacidade para 374 mil litros e, não por acaso, ganhou seu registro no livro dos recordes, o Guinness, como o maior do mundo. Cuidadosamente montado, o espaço da família Telles reúne algumas outras surpresas, como oito preciosos tonéis com 85 mil litros de uma cachaça especial, que vem sendo envelhecida desde 1966 e chegará ao mercado num futuro sem data definida. Passeio para mente e olhos, o museu conta com um belo acervo de mapas, documentos, fotos, máquinas, equipamentos agrícolas, moedas de época e garrafas. Nele, o visitante também pode conhecer o processo de produção da cachaça. Há até mesmo um minicanavial feito com iluminação natural e que faz a ligação da história da bebida com a história da família. Em torno do museu foi criado o Ypark, amplo e verde, que oferece passeios de charrete depois da visita ao museu.

Carnaval — Se a cachaça é a bebida genuinamente brasileira, a cearense Ypióca é a perfeita tradução de toda a história da aguardente no país. A mais antiga indústria do setor em funcionamento no Brasil iniciou as comemorações dos seus 160 anos em pleno sambódromo carioca, em 2006. A empresa foi convidada para representar o setor de produção de cachaça no desfile da escola de samba Portela, uma das mais tradicionais do Carnaval do Rio. O samba-enredo teve como tema "Brasil, marca tua cara e mostra para o mundo". Bem antes disso, na década de 1950, a cachaça já havia sido tema de uma inesquecível marchinha, embalada pelo conhecido jargão: "Se você pensa que cachaça é água..."

Tradição de uma jovem senhora

Mergulhar na saga secular de uma empresa que nasceu nos idos de 1800 é um exercício prazeroso e elucidativo para quem se interessa em conhecer um pouco mais da história político-econômica daquele Brasil tão distante. Era uma época em que o país estava sob regência imperial, a base da economia centrava-se na posse de terras — produtivas ou não — e ainda se esfolavam escravos em troca de trabalho não remunerado, uma vez que a lei da abolição viria somente em 1888, cinco anos depois da fundação da tecelagem Cedro. Para contar a trajetória dessa empresa ao longo de seus 138 anos, tivemos que ir além dos fatos atuais, comuns a uma companhia de capital aberto e listada em bolsa; tivemos que recorrer ao desconhecido, num passado de escritos já amarelados.

O início do que se tornou a Cedro Cachoeira tem influência direta da infância sofrida do patriarca da família, Antônio Gonçalves da Silva Mascarenhas. Vítima de uma fatalidade que lhe tirou o aconchego e a proteção dos pais — mortos antes mesmo de ele alcançar a maioridade —, Antônio Mascarenhas teve que amadurecer cedo. Sem alternativa e amparo, dispersou-se do irmão, de quem nunca mais teve notícia, e se viu obrigado a trabalhar como empregado. Questão de sobrevivência. Deu duro nos afazeres rurais, mas caiu nas graças do patrão, que, além de remunerá-lo pelo ofício em suas terras, deu-lhe alguns prêmios. Hoje, seriam bônus. Não se sabe, em valores atuais, a quantia. Mas foi o suficiente para que pudesse juntar capital e, depois, montar o próprio negócio, um comércio. Aos 34 anos, em 1836, Antônio já tinha uma pequena fortuna. Parte dela veio do varejo e outra, de uma sacada na área financeira. Não havia bancos na época, e Antônio percebeu que emprestar dinheiro a juros poderia ser (e foi) uma atividade lucrativa. Tornou-se então fazendeiro e "banqueiro". E quando faleceu, em 1884, já ostentava a fama de ser um dos homens mais ricos de Minas Gerais.

O fato curioso é que, tendo o começo duro que teve, Antônio preocupou-se em ensinar aos nove filhos como formar o próprio capital. Assim que completavam 18 anos, o pai lhes dava uma quantia equivalente a 26 mil contos de réis, valor que lhes dava uma espécie de independência financeira. E é justamente aí que começa a história da Cedro Cachoeira: alguns dos filhos se uniram em sociedades e investiram na área industrial. A precursora foi a Cedro. Depois, nasceu a Cachoeira. A Cedro surgiu da iniciativa — vencedora e visionária — dos irmãos Bernardo, Caetano e Antônio Cândido Mascarenhas, que deram o primeiro grande passo na história da indústria têxtil brasileira. Num cenário predominantemente agrário, o trio Mascarenhas enxergou a oportunidade de diversificar os negócios. Apostaram em um setor desconhecido que, justamente por isso, necessitava de mão de obra especializada e máquinas importadas.

A semente da Cedro foi plantada em Taboleiro Grande (MG), local imposto pelo irmão mais velho, Antônio Cândido. Com mais capital, mais idade e experiência, ele queria ficar perto de seus outros negócios (as fazendas produtivas) e achava que os irmãos ainda eram muito jovens para montar algo em outra cidade. Mais astuto e aberto a trazer para o Brasil as experiências que lia sobre o mundo dos negócios na Europa e nos Estados Unidos, onde estudara, Bernardo preferia instalar a fábrica de tecidos em Juiz de Fora. Diferentemente de Antônio Cândido, defendia que a cidade tinha melhor localização, perto do eixo consumidor, e uma mão de obra mais barata, além de ser próxima do Rio de Janeiro e de sua importante estrutura portuária. Apesar da insistência, a Cedro fincou suas bases em Taboleiro Grande.

Em 1873, Bernardo conseguiu finalmente migrar para Juiz de Fora. Após passar oito meses visitando fábricas na Europa e nos Estados Unidos, a fim de conhecer processos produtivos mais avançados e maquinários modernos, voltou ao Brasil disposto a montar uma nova fábrica. Mesmo sendo sócio da Cedro, uniu-se aos irmãos Pacífico, Victor e Francisco Mascarenhas e ao cunhado Luiz Augusto Vianna e fundou a Cachoeira. Paralelamente à sua nova empreitada, Bernardo iniciou uma queda de braço com o irmão Antônio Cândido, que não concordava com a investida e tampouco aceitava ser seu sócio nesse novo negócio. Como a Cedro era voltada para tecidos mais populares, a Cachoeira nasceu focada na fabricação de tecidos mais finos — o que evitaria a concorrência entre elas. As empresas então seguiram caminhos separados, mas não por muito tempo.

Destacando-se entre os demais irmãos, Bernardo Mascarenhas já tinha em mente iniciativas mais avançadas. Na prática, imaginava a fusão das duas empresas, o que, a seu ver, daria musculatura para que juntas conseguissem conter o avanço das concorrentes. Fazia sentido. Mas sua primeira tentativa não obteve sucesso. Por cinco anos, ou um pouco mais, os irmãos e sócios mantiveram-se resistentes e silenciaram sobre a fusão. Bernardo era uma voz a ecoar no vazio.

Entre 1875 e 1877, a Cedro enfrentou uma crise de capital. A relação entre Bernardo e Antônio Cândido, que já não estava em seu melhor momento, se estremeceu ainda mais. Foi então que Bernardo propôs ao irmão a compra de sua parte. Para ele, na época, a empresa precisava de uma administração mais enérgica, e por falta dela a Cedro sofrera problemas administrativos. A empresa recuperou-se e a fusão caiu por terra. Até o momento em que, em 1880, a concorrência no setor têxtil começou a incomodar, tanto a Cedro quanto a Cachoeira.

Três anos depois, ambas as empresas se uniram, realizando a primeira fusão da indústria brasileira. Quando Getúlio Vargas ainda nascia na gaúcha São Borja, a Cedro Cachoeira já deixava claro qual seria o traçado de sua longeva história. A união se deu num formato inédito para os padrões do século. Além dos sócios das duas empresas, foi admitida mais uma dupla, composta pelo comerciante Theóphilo Marques Ferreira e pelo advogado Antônio Joaquim Barbosa da Silva. O capital social foi dividido em cinco mil ações ordinárias, com cláusula para que os sócios pudessem vender suas participações. Havia também uma espécie de fundo de liquidez para adquirir as participações daqueles que queriam vender suas ações.

Para administrar a companhia — rebatizada após a fusão de Companhia de Fiação Cedro Cachoeira —, a família fez uma espécie de "acordo de acionistas", no qual o peso do voto era equivalente para todos os membros com mais de 5% do capital. "A empresa fez o que hoje se classifica como *golden share*", diz Agnaldo Diniz Filho, diretor-presidente da casa, que está no posto de executivo-chefe desde 2001. Um dos muitos herdeiros dessa empresa com 138 anos de vida, Diniz tomou emprestado o termo *"golden share"* da aridez de terminologias do mercado financeiro para explicar que, anos e anos antes, os acionistas da companhia já se preocupavam em garantir a homogeneidade dos negócios, além de um alinhamento familiar. Seria uma espécie de *golden share* do bem, e para o bem de todos — sem carregar o ranço de que *golden shares* são, na prática, ações de uma classe especial usadas como poder de veto por um acionista com menos capital. "Nem se falava em governança corporativa, mas aqui já havia um pensamento mais moderno, o que permitiu à empresa atravessar a abolição da escravatura, a proclamação da República e as duas grandes guerras mundiais, chegando à quinta geração", afirmou Diniz em meados de abril de 2009.

Tanto naquele tempo como agora, a companhia era administrada por um acordo de acionistas. Logo após a fusão elegeu-se, em assembleia extraordinária, a diretoria, que tinha mandato de três anos renováveis por mais três. Cabia à direção cumprir uma espécie de dez mandamentos acertados no acordo de acionistas. A gestão da Cedro Cachoeira ficou a cargo de Bernardo Marcarenhas. Ambicioso, ele desenhou um plano de expansão que contemplava a aquisição de mais uma fábrica e, no futuro, a diversificação do grupo para outras áreas de negócios. Sua preocupação era se agigantar, em particular na área têxtil, para se proteger da concorrência. Afinal, entre 1880 e 1888 surgiram nada menos que 15 novas fábricas em Minas Gerais.

Novamente, Bernardo encontra resistência dos acionistas para dar passos mais ousados. Mas, incansável do jeito que era, ele não desiste. Numa assembleia realizada em 1891, consegue convencer os sócios a comprar a fábrica São Vicente — que convalescia de uma crise financeira. Nove anos mais tarde, num período de crise econômica no setor bancário que fez cerrar as portas de um punhado de instituições, a Cedro Cachoeira viu-se fortalecida para ir, outra vez, às compras. A oportunidade se deu pelas mãos da Filatório Montes Claros, que também estava com debilidade econômica.

Em paralelo às investidas de aquisição, a companhia também buscou o crescimento orgânico, com a construção de novas fábricas, a diversificação da linha de produção e a entrada no segmento de estamparia em tecidos — algo que demandou a importação de máquinas mais sofisticadas. Ao mesmo tempo, o grupo sempre manteve na manga algumas alternativas que, invariavelmente, eram ventiladas com mais seriedade entre os sócios nos momentos de crise do setor têxtil. Em 1887, a empresa estudou a compra de uma espécie de barco a vapor, o Saldanha Marinho, que serviria para fazer o transporte dos tecidos pelo rio São Francisco até o Norte do país, de onde voltaria carregado de algodão. O projeto não se viabilizou porque a rota era um privilégio da Companhia de Viação Central. Outros dois planos que não se concretizaram foram a fabricação de papel e a exploração de ouro, a ser realizada numa mina da família localizada em Guanhães (MG). Nos idos de 1920, o grupo chegou a criar uma comissão para estudar a viabilidade de comprar uma fábrica de óleo em Curvelo (MG). Em 1939, no começo da Segunda Guerra Mundial, a empresa estava capitalizada e decidiu investir na construção de uma fundição de ferro — chegou-se a estudar um passo ainda maior, o da criação de uma usina siderúrgica. Por fim, anos mais tarde, na década de 1950, a exploração de manganês e a construção de uma fábrica de cimentos também surgiram no leque de possibilidades. Como os negócios demandavam altos investimentos, não foram adiante.

No entanto, em 1975, com o caixa cheio, o grupo volta atrás e constitui uma empresa de mineração, a qual nunca entrou em operação por ter sido criada apenas para resguardar os direitos da Cedro Cachoeira de explorar o subsolo de suas terras, rico em calcário, argila e manganês. Na década de 1980, aventou-se a possibilidade — polêmica para os sócios da empresa — de comprar o banco Agrimisa, que tinha 22 agências, oitocentos empregados e estava avaliado entre 15 e 20 milhões de dólares. Temendo os riscos inerentes ao mercado financeiro — que funciona ao sabor da volatilidade —, os acionistas declinaram. Assim, todas as tentativas de fazer da Cedro Cachoeira um conglomerado de negócios distintos foram frustradas. Os sócios, de comum acordo, seguiram na trilha da área têxtil.

Pelas mãos dos Mascarenhas, e depois de outras famílias que entraram no capital social, a Cedro fez a sua história, cavou e solidificou-se no mercado. E o fez de tal forma que a companhia resistiu, anos mais tarde, à decadência do setor têxtil mineiro — em parte provocada pela ascensão do parque industrial paulista. Hoje, mesmo depois da dureza da abertura aos produtos importados, o setor têxtil brasileiro ainda tem um peso importante na indústria verde e amarela. É o segundo maior empregador do país, atrás apenas do ramo de alimentos e bebidas. Emprega trinta mil pessoas, fatura 34 bilhões de dólares por ano e exporta menos de 10% da sua produção. A Cedro Cachoeira, apesar dos altos e baixos, oscila dentre as maiores.

Evidentemente — assim como se repete na história corporativa do Brasil e do mundo —, a companhia já enfrentou, e ainda enfrenta, conflitos, desafios e dissabores inerentes às relações interpessoais. No seu caso, por se enquadrar na forma de uma empresa sob controle familiar, a gestão vem abraçada por uma carga emocional sem precedentes, e que envolve pai, mães e irmãos (no mínimo). "Não tem mágica", admite Diniz. Hoje, sete famílias compõem o grupo que detém o controle acionário da companhia (Mascarenhas, Magalhães, Diniz, Gonzaga, Haas, Cançado/Lara Resende e Ferreira, por ordem de importância), com 64,45% do capital total. Todas elas têm participação ativa no Conselho de Administração, mas não necessariamente ingerência no dia a dia operacional da empresa. Desde 1988, a companhia é gerida por um acordo de acionistas bem-alinhavado, e que chama a atenção pelo fato de ser assinado por 254 pessoas, fazendo com que se destaque em meio a tantos outros disponíveis nas prateleiras de Comissão de Valores Mobiliários (CVM) — o xerife do mercado de capitais.

Do acordo de acionistas nasceram muitos filhotes, como comitês de várias ordens, em voga na transparência exigida nesses novos tempos. Um exemplo é o comitê que serve, como sugere seu nome, para amparar o acordo de acionistas. Ele não tem funções administrativas ou ingerências aqui e ali. Com sete membros e presidido por Amélia Gonzaga, também herdeira, o comitê tem voto unitário. Ou seja, o voto dos sete vale por um, a ser levado para as discussões em curso no Conselho de Administração. Formado por 12 membros e sob o leme de Cristiano Ratton Mascarenhas (outro herdeiro), o Conselho de Administração tem importante participação nas rédeas operacionais da companhia — hoje com quatro unidades industriais, de onde saem fornadas de índigos, brins e tecidos para uniforme (*workwear*), e também um centro de distribuição responsável por despachar seus tecidos pelo Brasil (e mundo) afora. Este órgão é que aprova, dentre outras coisas, o programa de investimentos que irrigam a eficiência das linhas de produção.

De fala mansa, no melhor jeito dos mineiros — esses campeões de boa prosa —, Diniz conta que as arestas familiares são facilmente aparadas porque a companhia sempre buscou ser orientada por instrumentos de gestão — alguns deles vindos de fora do âmbito familiar, como a consultoria do já falecido professor João Bosco Lodi, peça importante no processo de sucessão. Em 138 anos, foram apenas 12 presidentes. Na década de 1980, quando a terceira geração comandava a companhia, o consultor ajudou a montar essa estrutura baseada em três pilares: a diretoria cuida da gestão; o Conselho de Administração toma as decisões estratégicas sobre o negócio; e um comitê, que funciona como um conselho de família e responde pela administração do acordo de acionistas.

Diniz, o atual presidente, começou a trabalhar na empresa na década de 1970 e foi conduzido ao cargo por consenso.

Se tudo correr conforme o planejado, deixará o posto aos 68 anos, em 2013. Seu substituto será escolhido em um processo de seleção liderado pelo Conselho de Administração, possivelmente com assessoramento especializado. Poderá ser uma solução interna ou não. A Cedro Cachoeira não tem restrições a nomes de fora ou preferências para sobrenomes da casa. Para a empresa, a "propriedade não é capacidade". "O que mantém a companhia é a perseverança e a vontade dos acionistas de seguir o caminho dos fundadores", afirma Diniz, membro da quinta geração da família fundadora.

Como seus pares no mercado brasileiro, a companhia mineira (e genuinamente nacional) padeceu com a abertura econômica e, tanto antes como agora, ainda sofre com os produtos chineses — escancaradamente mais baratos. No ano de 2008, em meio a um turbilhão de conjunturas desfavoráveis e num período que antecedia a crise global, a companhia adotou um forte programa de ajustes focado no retorno aos lucros, depois de contabilizar seguidos prejuízos (2006 e 2007). Num engajamento que uniu acionistas e colaboradores, a palavra de ordem dentro da empresa foi reduzir o endividamento, cortar custos e expandir mercados.

Segundo seus acionistas, tanto no passado quanto no presente a Cedro soube se manter firme pela capacidade de gerenciar e de conhecer os próprios anseios. A família no comando e na gestão ajuda, em grande parte, na rapidez do processo decisório. Afinal, acionistas — muito mais do que os executivos — sentem no bolso e no valor de suas participações acionárias o imediato efeito de uma crise.

Para ficar na história — Desde 1983, a Cedro mantém o Museu Têxtil Décio Mascarenhas, localizado na fábrica da empresa, em Caetanópolis (MG). Lá se encontra um acervo com mais de mil peças, o que lhe garante a fama de mais completo museu têxtil do Brasil. Referência para estudantes, historiadores, estudiosos e empresários do setor, assim como para a comunidade local, o espaço recebe aproximadamente 1.500 visitantes por ano. A ideia, desde que foi aberto, é cumprir o papel de preservar e perpetuar a história da indústria têxtil nacional.

Dos teares à geração de energia elétrica — Bernardo Mascarenhas era um visionário, e criou a primeira cidade com geração de energia elétrica da América do Sul ao fundar a Companhia Mineira de Eletricidade (CME). Sua ideia, lançada inospitamente numa assembleia em 1899, era gerar energia elétrica para suprir a necessidade das máquinas das fábricas, na época movidas a vapor. O assunto ficou adormecido por anos. Mas logo após a Primeira Guerra Mundial, houve um aumento da demanda por tecidos, sobretudo porque a Inglaterra, maior exportadora para o Brasil, estava fora de cena. Havia demanda, mas também insuficiência em gerar energia para aumentar a produção. Foi então que surgiu a oportunidade de se investir na geração própria, por meio da construção de uma pequena usina hidrelétrica. A aprovação se deu em 1922 — ano da Semana da Arte Moderna —, quando a empresa decidiu construir uma usina aproveitando a queda-d'água do rio Parauninha, a 33 quilômetros da fábrica de São Vicente e a 85 quilômetros da unidade de Cedro. Com suas fábricas dispondo de energia própria, a Cedro Cachoeira conseguiu dobrar sua produção de quatro para oito milhões de metros no período entre 1926 a 1932. Hoje, a empresa — em linha com a tentativa de reduzir custos na conta de luz — desfruta da Pequena Central Hidroelétrica (PCH), apta a gerar três megawatts de potência, o suficiente para cobrir 35% do seu consumo.

Saúde em família

Final do século XIX. Para o bem e para o mal, o Rio de Janeiro vivia uma profunda transformação. Do lado lustroso, despontava como um importante polo político e econômico, com um porto de onde saíam volumosos carregamentos de café — o "ouro negro" da época. Do lado ofuscado, sofria com uma avalanche de tristes doenças, como a febre amarela, a varíola e a peste bubônica — o que lhe deu a alcunha de "capital das epidemias". O crescimento da população estava acelerado, mas não havia serviços básicos suficientes. Sob o comando de Prudente de Moraes, terceiro presidente republicano, a nação ostentava um clima nacionalista debaixo do sol quente de 1895. Inflação, doenças, pobreza e revoltas que, juntas, fizeram o presidente baixar, em novembro daquele ano, um decreto obrigando seguradoras estrangeiras a aplicar todas as suas reservas no Brasil. E mais: depositando tudo em bancos brasileiros. O ato em prol da brasilidade e dos brasileiros afugentou as firmas de seguro que vinham de fora para atuar por aqui.

No final de 1895, mais precisamente no dia 5 de dezembro, foi fundada a Sul América Companhia Nacional de Seguros sobre a Vida, justamente onde funcionava a norte-americana New York Life Insurance Company. Ficava num prédio simpático, com ares antigos, na rua Buenos Aires — ex-rua do Hospício, no Rio. Nascer onde "morreu" a companhia americana não foi uma coincidência, mas o aproveitamento de uma oportunidade do fundador da empresa, o espanhol Joaquín Sanchez de Larragoiti, que montou a SulAmérica com um capital inicial de cinco mil contos de réis. Foi ele, também, que trouxe a NYLIC para o Brasil.

Sua ligação com essa multinacional começou uma década antes de a SulAmérica sequer imaginar que existiria. Foi quando ele decidiu aceitar uma proposta de parceria do coronel Dickinson, que lhe confiou a tarefa de introduzir o seguro de vida no México. Pouco tempo depois, Larragoiti já era o responsável pela empresa em toda a América do Sul. Em 1885, depois de ter passado por Buenos Aires, conseguiu uma autorização do governo brasileiro para montar a filial americana aqui. Mas, no ano seguinte, mudou-se com sua primeira esposa, Carmen, e os seis filhos para a França — país com quem os Larragoiti mantêm fortes laços até hoje. Cinco anos depois, a mulher faleceu e, em 1890, Joaquín Larragoiti casou-se com Charlotte Mind.

Mais conhecida na época como SALIC — sendo o LIC uma homenagem à empresa americana que a sucedera —, a SulAmérica inaugurou uma filial em Paris em 1896. Alternando entre um país e outro, Larragoiti desejava que sua seguradora se tornasse uma multinacional, e por isso abriu um punhado de filiais no exterior, espalhando a empresa rapidamente, como rastilho de pólvora. Em menos de uma década, a companhia já tinha presença no Chile, no Peru e no Equador, além de ter se esparramado Brasil afora, com unidades regionais em capitais como Salvador e Porto Alegre.

Em 1904, foi a vez de experimentar algo novo: uma companhia de seguros popular, a La Populaire, com capital subscrito pela empresa mãe, a SALIC. No Brasil, a classe de seguro popular foi lançada somente 1908.

Embora tenha sido o precursor da empresa, Larragoiti renunciou ao leme da SulAmérica dois anos antes de falecer, sendo substituído pelo genro Justus Wallerstein — homem de sua confiança que já havia ocupado cargos importantes no extinto braço brasileiro da NYLIC. Foi dele o mérito da consolidação da SulAmérica como uma grande companhia de seguros. Na sua gestão, a empresa fincou bandeiras em diversos países, inclusive na Europa. Ele teve um papel importante ao encorajar o grupo a fundar, em 1913, a Sul Americana Sociedade de Seguros e Resseguros Terrestres, Marítimos e de Acidentes, batizada de Anglo Sul e rebatizada, depois, de SulAmérica Terrestre Marítima (SATMA). Este foi um passo significativo, uma vez que a empresa ampliou o leque de produtos e serviços justamente num momento de crescimento urbano e portuário. O segmento do seguro para automóveis viria somente em 1929.

A história da SulAmérica é a própria história do seguro no Brasil. No ano em que foi fundada, lançou oito tipos de seguros no país, alguns deles fundamentais para trabalhadores por incluírem a "cláusula de invalidez", instituída em 1914. Naquela época — e bem menos do que hoje, diante dos avanços tecnológicos —, havia um grande volume de acidentes no chão de fábrica, inclusive fatais. A taxa de mortalidade era alta.

A companhia também inovou em técnicas de venda — as quais, contadas atualmente, podem até soar engraçadas. O mais antigo funcionário da empresa contou parte de sua habilidosa lábia de vendedor no livro que brindou o centenário da SulAmérica. Com graça e do alto de seus 93 anos, narrou que uma das táticas era "tirar a esposa" da jogada, enquanto se negociava a venda do seguro de vida ao marido. Por quê? Bem, as mulheres, então temerosas, acreditavam que comprar seguro atraía coisas ruins. Mas a superstição era coisa apenas das brasileiras. Imigrantes, em particular as europeias, davam de ombros para estas questões. Ao contrário, ainda segundo o relato dele, elas até apoiavam a aquisição, buscando se proteger de um mal maior. Sabendo disso, a primeira coisa a ser feita na hora de oferecer um seguro era descobrir a nação de origem das senhoras.

Para estimular a profissão desses agentes — que somente em 1964, por meio de lei, seriam reconhecidos como corretores de seguros —, a SulAmérica criou clubes de eventos e reuniões entre funcionários. O primeiro, mais ligado ao lazer esportivo, foi o Clube Sul América do SALIC Futebol Clube, em 1919. No ano seguinte, saiu do papel o Clube dos 250 Contos — que mobilizava a vida de funcionários de todas as partes do mundo — e a criação de um grêmio dos "Empregados Leais", que dava uma bonificação para os empregados que completassem dez anos de casa com serviços ininterruptos.

Plural na origem das nacionalidades de seus colaboradores e na extensão de seus negócios, a SulAmérica também tinha sua grandiosa dose de originalidade. Em 1920, uma de suas tacadas foi lançar a revista *SulAmérica*. Bela, inovadora e diferenciada, tornou-se referência. Não era apenas — e mais um — folhetim para comunicar as próprias ações de marketing. A publicação trazia reportagens de moda, comportamento, saúde, literatura e até tirinhas de humor, além de algumas páginas sobre a empresa. Com a variedade que tinha, caiu nas graças dos leitores e, por isso, deixou de ser gratuita. Em 1945, chegou a ser a revista de maior circulação do país, com tiragem de noventa mil exemplares. Mensal, a *SulAmérica* era aquilo que hoje se convencionou chamar de revista customizada.

Além da leitura, a empresa gostava igualmente de apoiar a arte e, em 1945, ao inaugurar uma nova sede no Rio, fez a maior exposição de arte moderna do país. Com a bênção financeira do Ministério da Educação e com ajuda de personalidades como o príncipe Dom Pedro, Francisco Matarazzo, Carlos Drummond de Andrade e Assis Chateaubriand, a exposição pavimentou o caminho para a formação dos acervos do Museu de Arte e do Museu de Arte Moderna, ambos em São Paulo.

No mesmo ano cruel da quebra da Bolsa de Nova York, a SulAmérica introduziu o seguro de vida em grupo e lançou a primeira empresa de capitalização do Brasil, a SULACAP, assim como o Banco Hipotecário Lar Brasileiro. Os dois novos negócios permitiram que a companhia resistisse melhor à crise de 1929.

No entanto, o banco foi vendido, um bocado de tempo depois, em 1962, para o Chase Manhattan Bank, então pertencente ao grupo Rockfeller. Antes, porém, com a guerra ainda castigando a Europa, Antonio Sanchez Larragoiti Jr. decidiu se mudar com a família para o Brasil, na tentativa de se aproximar dos negócios que, até então, ainda eram presididos por seu pai. No país, o setor de seguros começava a ganhar novos contornos com a criação do Instituto Brasileiro de Resseguros (IRB), por meio da lei 1.186.

Em paralelo aos negócios, a década de 1950 foi coroada por alguns investimentos da SulAmérica em infraestrutura. A própria SULACAP — seu braço de capitalização — emprestou seu nome e recursos para a construção de um bairro popular no Rio, o Jardim Sulacap (existente até hoje). Por meio do Instituto, Larragoiti construiu o Hospital Larragoiti, com projeto assinado por Oscar Niemeyer e jardins de Burle Marx. Hoje chama-se Hospital da Lagoa, referência no Rio, e pertence ao governo federal.

Na década de 1960, a SulAmérica promoveu uma ampla reorganização financeira, focada em redução de custos. Era uma reestruturação que antevia o seu *début* na Bolsa de Valores, o que aconteceu em 1969. No ano seguinte, a empresa entrou no segmento de seguros de saúde, formando o embrião do que seria a SulAmérica Serviços Médicos.

Capitalizar-se no mercado de ações, com a entrada de novos sócios, levou a companhia a se associar, em 1973, ao Bradesco e à Atlântica Boavista, numa parceria que durou nove anos. Com sua gigantesca rede de agências, o banco representava um canal de vendas significativo, responsável por 40% da receita dos seguros. A união, porém, findou em 1982. Com o rompimento, a companhia perdeu, de uma hora para outra, a rede de vendas representada pelas agências do banco. Na ocasião, cerca de 40% de sua receita ficou para trás.

Antes da separação, no entanto, a companhia seguiu firme em seu propósito de fazer novas sociedades e uniu-se, em 1977, ao grupo Gerling Konzern Welt-Versiche, da Alemanha, e à Societá Assiscuratrice Industriale (SAI), da Itália. Neste mesmo ano, Antonio Sanchez Larragoiti Jr. deixou a presidência — repassando o cargo a Leonídio Ribeiro Filho — e seguiu para o Conselho de Administração.

Fortalecido, sentiu a necessidade de criar a SulAmérica Seguros, uma *holding* que, em 1978, passou a abraçar os negócios de seguros e previdência e gestão de ativos. Na década de 1970, começou a vender planos de assistência à saúde e, na década de 1980, entrou na previdência privada.

Nos anos 1980, depois de se separar do Bradesco, a SulAmérica uniu-se ao Unibanco cujo controlador, Walther Moreira Salles, era um velho amigo da família. Na verdade, ela comprou majoritariamente seu negócio de seguros — deixando para o Unibanco uma participação modesta. Neste momento, a companhia, que sempre fora genuinamente masculina, aderiu às saias. Com a doença de seu irmão, Beatriz Sanchez Larragoiti Lucas — filha de Antonio Sanchez Larragoiti —, entrou no grupo pelo Conselho de Administração, logo seguida por sua irmã Ema. (A primeira mulher contratada ingressara na empresa em 1930, no cargo de secretária do dr. João Picanço.) Depois, Beatriz assumiu a empresa.

A quarta geração enfrentou de cara um maremoto financeiro. Ao longo de seus cinquenta anos de vida e com um currículo resumido ao papel de eficiente intérprete em reuniões patrocinadas pela Unesco, Beatriz tomou para si a responsabilidade de comandar a empresa. Com uma força "masculina" na sua doçura, ela levou a sério e a cabo os negócios da família. Ausentava-se pouco do Rio, onde sempre ficou a matriz, para visitar as filhas que residiam no exterior.

Dama do seguro — Comandando com destreza a transformação da SulAmérica numa das maiores empresas de seguro independentes — liderando inclusive o rompimento com o Bradesco —, "dona Beatriz", como era conhecida, foi uma figura lendária no mercado. Assumiu o comando no susto, em 1986, soube preparar o filho Patrick de Larragoiti Lucas para sucedê-la e, ao mesmo tempo, profissionalizou a empresa, contratando executivos de fora.

Na década de 1990, a meta da SulAmérica era ser a maior do país. E, para isso, firmou parcerias com o Banco do Brasil e com a Aetna, uma das maiores seguradoras de saúde dos Estados Unidos de então.

Em 2002, a SulAmérica celebrou uma parceria com o ING, uma companhia de origem holandesa com atuação mundial no ramo de serviços financeiros. O ING tem 150 anos de experiência no mercado e oferece uma ampla variedade de serviços bancários, seguros e administração de recursos em mais de cinquenta países. Ele contribuiu significativamente com as linhas de seguros de vida, previdência complementar e administração de recursos da SulAmérica, compartilhando seu conhecimento em todos estes segmentos.

Por falar em parcerias, a de 13 anos com o Unibanco foi rompida no final de 1995, fazendo com que a SulAmérica perdesse 12% da produção. Finalizou-se quando o Unibanco adquiriu a Nacional Seguros, antigo Unibanco AIG Seguros. (Hoje, o Unibanco AIG Seguros não existe mais. A parceria do Unibanco com a AIG acabou com a crise mundial e, posteriormente, o Unibanco se uniu ao Itaú.)

O setor de seguros no Brasil passou por mudanças significativas desde a introdução do Plano Real em 1994. O ambiente econômico estável resultante desse plano ajudou a alavancar o crescimento do setor no Brasil. Dados estatísticos divulgados pela Sigma demonstram que a penetração das empresas do ramo por aqui, em termos de prêmios de seguros como um percentual do PIB, aumentou de 2,0%, em 1996, para 2,8%, dez anos depois. Segundo dados da S&P, durante esse período o setor de seguros apresentou uma taxa composta de crescimento anual próxima a 15%, enquanto o PIB apresentou, segundo o IBGE, 2,5%.

No ano da abertura do mercado de resseguros — iniciada em 2007, após a quebra do monopólio do IRB —, a SulAmérica capitalizou-se em diversas frentes. No mercado de capitais, fez uma bem-sucedida emissão de Eurobonds, no valor de 200 milhões de dólares, e uma oferta de ações na Bolsa, amealhando 775 milhões de reais numa operação primária — a maior abertura de capital de uma empresa de seguros na América Latina. Parte dos recursos captados foi direcionada para pagamento de dívidas da *holding*. Os recursos apurados na oferta de ações (IPO) foram aplicados no desenvolvimento da companhia, mas uma parcela está no caixa da empresa e poderá ser usada para aquisições.

Antes de fazer a oferta na Bolsa, a empresa comprou a participação do grupo segurador alemão Gerling Konzern na seguradora Gerling Sul America Seguros Industriais, correspondente a 40%. (Os valores da operação não foram revelados.) A SulAmérica, que já detinha 60% do capital votante da Gerling, passou a abocanhar 100% das ações. A extinta Gerling Sul América era especializada no ramo de riscos industriais para empresas de origem alemã e suíça, além de oferecer seguros de automóveis para as frotas dessas companhias.

Em 2006, a Gerling registrou prêmios de 40 milhões de reais. A SulAmérica, por sua vez, lucrou 436 milhões de reais no segmento. Em 2007, a SulAmérica alimentou o cofre ao vender o antigo edifício sede para a norte-americana Tishman Speyer por 100 milhões de reais. Era um prédio simbólico, no número 86 da rua da Quitanda, coração da Cidade Maravilhosa e construído no final da década de 1930.

Após mais de um século de vida, navegando em mares ora revoltos, ora não, a SulAmérica se estabelece em sua seguridade — com o perdão do trocadilho. Sob o comando operacional de Patrick de Larragoiti Lucas, membro da quinta geração que assumiu em 1998, a companhia tornou-se o segundo maior grupo segurador do Brasil, registrando em 2009 um faturamento na casa dos 8,7 bilhões de reais.

Ventos modernos numa empresa secular — Mesmo com anos de história, a SulAmérica sempre tentou, e conseguiu, ser moderna. Em 2009, inserindo-se no projeto de revitalização do Centro da cidade, instalou-se num amplo edifício no Complexo Rio Cidade Nova, onde passaram a trabalhar seus mais de dois mil funcionários do Rio de Janeiro. No valor de 85 milhões de reais, a nova sede está localizada numa rua carioca batizada com o nome de Beatriz Larragoiti Lucas.

Outra iniciativa dos novos tempos foi a instalação de bicicletários no Rio, pela empresa, incentivando — no melhor estilo parisiense — a sustentabilidade hoje tão em voga. Ele oferece cerca de duas mil vagas para o usuário "estacionar" a sua bike.

O lançamento da SulAmérica Trânsito em São Paulo, a primeira rádio com cobertura de trânsito 24 horas, também foi uma iniciativa marcante. O grande sucesso foi a motivação para o lançamento de um projeto semelhante no Rio, a rádio Paradiso. Se em São Paulo o trânsito é assunto de preocupação e interesse das pessoas, no Rio, o enfoque é outro. A rádio tem uma programação que mescla boa música, humor, qualidade de vida, além de boletins sobre o tráfego.

Tempos Atuais — A empresa superou a marca dos seis milhões de clientes e dos 27 mil corretores e já gerou 5,2 mil empregos diretos. É uma das principais seguradoras de saúde e de automóvel, produtos responsáveis por quase 80% de seu faturamento. Desde outubro de 2007, a SulAmérica integra o nível 2 de Práticas Diferenciadas de Governança Corporativa da BM&FBovespa.

Dentro das mais avançadas normas de governança, em 2009 a companhia decidiu separar as funções de presidente executivo e presidente do Conselho de Administração. Dessa forma, em março de 2011, Thomaz Cabral de Menezes assumiu a presidência executiva da empresa e Patrick concentrou sua atuação no Conselho.

O legado de um artesão

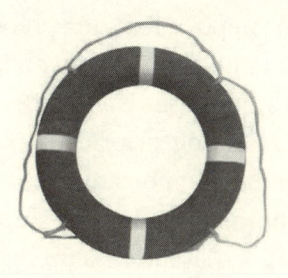

O começo se deu num lugar antigo e bem distante do Brasil. Foi ao norte da Síria, numa cidade chamada Alepo, por anos uma das principais rotas de ligação entre a região do mediterrâneo e a Europa. Erguida inicialmente sobre morros, Alepo fez história e ficou conhecida como o berço da fundição de cobre. Ali, em 14 de maio de 1867, nasceu Rizkallah Jorge Tahan, o precursor do que seria, tempos depois, o início da fundição de cobre no Brasil. Foi ele quem trouxe a técnica para cá, ao fundar a Casa da Bóia em 1898. A sua modesta empresa reunia duas atividades: a fundição de cobre, que produzia arandelas, gradis e candelabros voltados para decoração; e uma loja de ferragens, onde se vendia de tudo um pouco. O pequeno comércio aberto na rua Florêncio de Abreu está em plena atividade até hoje, instalado num casarão estilo *art nouveau* que teve a fachada tombada pelo patrimônio. Até 1920, a parte superior dessa bela obra da arquitetura era reservada à residência da família; hoje abriga um simpático museu.

A Casa da Bóia é a mais antiga loja de ferragens do Brasil. Ela vende mais de cinco mil itens, incluindo conexões hidráulicas, fios de cobre, vergalhões e peças de decoração, como tachos e cachepôs para acomodar flores. Mas ultrapassar os cem anos não foi tão simples. Muito pelo contrário: foi duro e longo o caminho percorrido pelo imigrante sírio Rizkallah Jorge, uma lição de humildade e persistência. Ele herdou a intimidade com o cobre do pai, dono de uma pequena fundição em Alepo. Além de aprender as técnicas milenares, Rizkallah era obrigado a trabalhar todos os dias, em horário integral, na empresa. Naquela época, o estudo não ocupava o topo da lista de prioridades da classe média da Síria. Trabalhar era mais importante.

Filho mais velho de nove irmãos, Rizkallah Jorge pegou gosto pelo cobre e logo assumiu as rédeas dos negócios da família. Seguindo os mesmos passos de seu pai, foi tentar a sorte na cidade vizinha de Homs, onde a concorrência entre artesãos de cobre era bem menor. Após estabelecer-se, levou para lá seus irmãos, o pai e a madrasta. (A mãe de Rizkallah Jorge falecera quando o menino tinha apenas oito meses). Rapidamente, a sua fundição prosperou. Ele e seus parentes ficaram na cidade por alguns anos, mas Rizkallah teve de retornar a Alepo para se casar, em março de 1895, com a jovem Zakie Naccache, filha de um importante ourives da cidade. A volta para a terra natal — num casamento realizado praticamente a pedido do pai, que era amigo do pai da noiva — aconteceu no mesmo momento em que se iniciava uma devastadora crise na indústria de cobre na região.

A família de Rizkallah perdeu praticamente todos os seus bens. Na busca de soluções para aplacar a crise, o rapaz começou a estudar oportunidades em outros lugares do mundo. Soube então que muitos de seus amigos de Homs iriam imigrar para um país da América Latina. Impetuoso, ele avisou à família que partiria para Homs, mas estava mesmo era vindo para o Brasil. Ele explicou por carta apenas à sua esposa o real destino e a verdadeira razão de sua viagem.

Cinquenta dias depois, Rizkallah desembarcava no porto de Santos, tornando-se o primeiro cidadão de Alepo a pisar por aqui. Era 1898. Logo de início, percebeu que os imigrantes sírios geralmente fincavam suas bases no país vendendo tecidos — atividade para a qual não tinha aptidão. Sem saber falar português, mas com a esperteza de um *self-made man*, ele logo arrumou um emprego como faxineiro de uma loja da rua Florêncio de Abreu, no centro velho de São Paulo. O estabelecimento vendia metais importados, e o objetivo de Rizkallah era mostrar ao patrão seus dotes em moldar o mais antigo metal usado pelo homem, algo que fazia com destreza e cujas técnicas ainda eram desconhecidas no Brasil, onde não se beneficiava cobre. Pouco a pouco, conseguiu driblar as suas dificuldades com o idioma e, também, conquistar a confiança do chefe. Resultado: tornou-se sócio do negócio e depois acabou comprando toda a empresa. Assim, nascia, em 20 de maio de 1898, a Rizkallah Jorge e Cia.

A empresa cresceu vertiginosamente, fato que motivou Rizkallah Jorge a trazer toda a sua família da Síria. Então, mudaram-se todos para um sobrado no número 123 da rua Florêncio de Abreu: a fundição e a loja funcionariam no andar de baixo e a família moraria na parte superior. A produção de artigos de cobre restringia-se basicamente a peças para decoração, como arandelas e candelabros. A grande oportunidade surgiu, efetivamente, em 1903, quando o presidente Rodrigues Alves decidiu melhorar a condição sanitária de grandes cidades, como Rio e São Paulo, a fim de erradicar a febre amarela. Afinal, a situação da rede pública de esgoto era precária e a necessidade de melhora, premente. Dejetos eram depositados em cisternas a céu aberto e os lixos se acumulavam nas ruas. Por isso, o início do século XX foi marcado por uma série de epidemias.

Unidos pela causa de erradicar a doença, o presidente Rodrigues Alves, o médico sanitarista Oswaldo Cruz, e o diretor do Serviço Sanitário de São Paulo, Emílio Ribas, iniciaram uma forte campanha para eliminar a febre amarela. E uma das molas propulsoras para realizar o plano com sucesso era melhorar as condições de higiene dos cidadãos. A empresa começou, então, a produzir material sanitário — em especial boias para caixas-d'água, sifões, canos e caixas de descarga. As vendas cresceram como fermento em bolo e eram despachadas para todo o país. A casa ficou tão conhecida pela fabricação de boias que, em 1951, mudou o nome de Rizkallah e Cia. para Casa da Bóia.

Artesão e extremamente perfeccionista, Rizkallah Jorge negou-se a adotar a fabricação em larga escala, temendo perder a qualidade dos produtos. Na década de 1930, em plena Revolução Industrial, a companhia começou a sofrer com a concorrência de grandes grupos, bem mais competitivos. A saída, então, foi diminuir gradativamente a produção, migrando para aquela que seria a segunda etapa da vida da sua empresa: a venda, no atacado, de peças fabricadas pelas grandes indústrias. Para o empreendedor, abrir uma frente para a comercialização era mais interessante do que competir com os grandes. Tiro certeiro. Diante do intenso crescimento das cidades brasileiras, a venda desses materiais sanitários explodiu, e durante as décadas de 1940, 1950 e 1960, a Casa da Bóia tornou-se um dos mais importantes canais de vendas da indústria de metais, comercializando produtos como canos, fios, chapas de cobre, latão e aço.

A partir de 1950, a empresa deixou de ser indústria. No entanto, ela se diversificou. Além das boias de metal, passou a oferecer também as de plástico e as de aço inoxidável (estas, usadas em tanques com produtos químicos). Apesar da fama, hoje a boia não é o produto mais vendido da loja. Os barramentos de cobre — utilizados em quadros de luz — lideram as vendas, das quais 90% são feitas por uma central de telemarketing.

Atualmente, o negócio é tocado pelo neto do fundador, Mário Roberto Rizkallah. Não se sabe, ainda, se a empresa chegará à quarta geração. Aos 59 anos, tendo apenas uma filha de 12 anos que, ao que tudo indica, seguirá a carreira de estilista ou de artista plástica, como a mãe, o herdeiro se vê sem sucessor. Desde 2007 com o controle da empresa nas mãos, Mário ficou praticamente sozinho no capital total da Casa da Bóia, que tem quarenta funcionários. Apenas 15% da Milas Participações, a *holding* que abarca a Casa da Bóia, não lhe pertencem, mas estão nas mãos de irmãos.

A solidão de Mário no comando dos negócios — por vontade própria — começou em 1993, quando, aos 42 anos, achou que era hora de dar uma virada na empresa. "É um negócio pequeno, e não dava para sustentar o crescimento da família", diz ele num artigo sobre governança corporativa publicado na revista *Capital Aberto*. "A empresa chegou a passar por dificuldades", recorda. Foi então que ele, com o consentimento da família, solicitou à consultoria PricewaterhouseCoopers uma avaliação detalhada dos ativos. "Queríamos um respaldo técnico."

A história do comando — O patriarca e mentor da Casa da Bóia, Rizkallah tivera três filhos, Jorge, Nagib e Salim. O tronco constituído por Jorge nunca veio a participar ativamente da empresa. Os negócios ficaram, então, nas mãos de Nagib e Salim, e tudo correu bem enquanto estava polarizado entre os dois. Os problemas vieram depois, quando, segundo Mário, manifestou-se um *generation gap* entre os descendentes dos irmãos. A diferença de idade entre Mário e o primo Antônio é de 21 anos. "É natural que tivéssemos modos de pensar distintos", justifica. "Havia dificuldades de comunicação."

Os antagonismos na metodologia de gestão entre os primos — que já estavam à frente de Casa da Bóia — começaram a interferir nos negócios e, de certo modo, nas relações familiares. "Um ponto interessante, para mim, foi ter levado esses meus conflitos para a terapia", revela Mário. Ele lembra que empresas familiares carregam componentes emocionais que mexem com os laços de sangue. "Eu não estava feliz e propus mudanças."

Foi assim que Mário realizou um acerto de contas com o primo e com as irmãs e ficou com a Casa da Bóia. Segundo ele, não havia oportunidade e tampouco estrutura financeira para uma empresa de porte médio, como a sua, implementar processos de gestão que incluem governança corporativa. Hoje, os negócios da Casa da Bóia seguem um ritmo tranquilo, e um dos seus grandes patrimônios é a própria história. Para preservá-la, o empresário Mario Jorge montou um museu. Lá estão expostos quadros da família Rizkallah, fotos velhas, caixas registradoras e até livros antigos de contabilidade. O prédio foi restaurado em 1997 e trouxe algumas surpresas: a tinta cinza que cobria a parede foi descascada e revelou uma faixa conhecida como pintura artística original, ou seja, a que havia em 1900. Hoje, o museu tem três salas, sendo mais antigo do que o Theatro Municipal (de 1911) e do que a atual estação da Luz (de 1901).

Um marco para a saúde — Ao longo de sua vida, Rizkallah Jorge marcou a cidade de São Paulo não só com a Casa da Bóia, mas também com as várias obras que ajudou a construir. Ele foi diretamente responsável pelo templo da primeira Igreja Armênia da capital, ao lado da atual estação Armênia do metrô. Também tomou parte na construção da sede do Esporte Clube Sírio, batizado em sua homenagem. Da mesma forma, empresta o nome a um pavimento inteiro do primeiro prédio do Hospital Sírio-Libanês.

Parte II

Indicadores de longevidade das empresas centenárias

A proposta deste capítulo é apresentar os resultados da pesquisa feita com as cinco empresas brasileiras que, ultrapassando a barreira dos cem anos, ainda se mantêm sob o controle do mesmo grupo familiar. Vale ressaltar que não são as únicas, embora o número total de centenárias no Brasil seja restrito e até desconhecido.

As histórias da Gerdau, da Ypióca, da Cedro Cachoeira, da SulAmérica e da Casa da Bóia, descritas na primeira parte deste livro, representam um vivo testemunho dos esforços que cada grupo familiar controlador teve que empregar ao longo do tempo para manter-se vivo, rentável e unido. Somos imensamente gratos a estas famílias, e suas lideranças, por aceitarem compartilhar questões muito próprias, e algumas vezes até delicadas, de seus percursos. Nenhuma delas relutou em participar da pesquisa e do trabalho.

Para a formulação deste roteiro, utilizamos a base metodológica e conceitual que a höft Consultoria emprega, há mais de 36 anos, com mais de 1.500 clientes atendidos no Brasil e em outros países da América Latina, como México, Colômbia, Equador, Argentina, Paraguai e República Dominicana.

É importante reforçar que este trabalho de pesquisa foi realizado exclusivamente para a elaboração deste livro. E, como tal, não tem nenhum caráter acadêmico, embora suas conclusões, depoimentos e comentários possam ser de grande utilidade para currículos universitários. Ele procura compensar a escassez de estudos, análises e publicações sobre a empresa nacional. E uma das expectativas que temos é de que ele estimule o mundo acadêmico a ampliá-lo e a formular novas contribuições para o estudo da empresa nacional.

As três dimensões analisadas dizem respeito aos sistemas Família, Patrimônio e Empresa.

O sistema Família refere-se ao conjunto de fatores que devem caracterizar a família empresária nas suas mais distintas relações e vínculos de parentesco, universo em que as questões emocionais se fazem muito presentes e podem criar ressentimentos, disputas de poder, preferências pessoais, desconsiderações da individualidade, imposições coletivas, condutas preconceituosas, um patriarcado exacerbado etc. Não devemos desconsiderar ainda que todo este conjunto de fatores — emocionais, afetivos, de preferências etc. — deverá ser fortemente influenciado, ou até intensificado, pelo vínculo patrimonial que a herança cria. Isso provoca, entre as futuras gerações, um vínculo de caráter societário para o qual se exige um importante e delicado preparo.

Vale o registro, para demonstrar a importância da abordagem do sistema Família, de que, no Brasil, 70% das empresas familiares que desapareceram ou foram adquiridas por outros grupos tiveram como principal causa de sua dissolução conflitos familiares não resolvidos. Em nível mundial, os estudos indicam um índice da ordem de 65%.

Esta influência é ainda mais compreensível se considerarmos que, na origem da maioria destas famílias, existiu uma figura patriarcal muito forte, que impôs ou criou modelos familiares de submissão ou preferências. Como em nossa cultura latina a família é uma instituição muito idealizada, os conflitos, divergências e diferenças são inibidos ou mantidos, por longo tempo, sem nenhuma permissão de abordagem ou questionamento — muito menos para serem devidamente tratados.

Embora a origem dos nossos empreendedores seja muito heterogênea, pois na grande maioria foram imigrantes de distintas regiões e culturas, a família termina passando por um processo de adaptação às características da realidade brasileira.

Por outro lado, na perspectiva estritamente sociológica, não se pode desconhecer o fato de que na instituição família não houve liberdade de escolhas. Excluído o casal, que teve a possibilidade de se escolher, mutuamente, nos demais graus de parentesco esta relação é imposta. E o desafio se apresenta, tanto na condição de irmãos, primos, etc. Os únicos novos escolhidos são os cônjuges de cada herdeiro. Mas esta será sempre uma escolha individual.

Por esta mesma razão é bastante claro que nas empresas familiares longevas a forma como a família se "profissionaliza", no seu conjunto de relações, é de fundamental importância. E o processo de "profissionalização" não obedece a uma lógica, pois é bastante delicado e complexo.

Historicamente, em muitas intervenções nos processos de sucessão e continuidade das empresas familiares, o fracasso se deveu à desconsideração do que está acima exposto com relação à importância do envolvimento, da consideração e do preparo do sistema Família.

É no âmbito da família que todo este processo se inicia e apresenta alguma possibilidade de sucesso. E esta abordagem é extremamente delicada, pois envolve tanto questões de ordem emocional quanto sociológica e cultural. Os demais sistemas — descritos a seguir — apresentam maiores características lógicas.

O sistema Patrimônio, diretamente vinculado à dinâmica familiar, cria vínculos de outra natureza entre os descendentes. Suas variáveis estarão muito mais reguladas por princípios legais, fixados no Código Civil, Direito Societário etc.

A transferência patrimonial entre gerações vincula irmãos, primos ou outros herdeiros como futuros sócios. E vale sempre enfatizar que para este vínculo — societário/ patrimonial

— não houve também liberdade de escolhas. É com base numa construção adequada deste relacionamento que poderão ser encaminhados os destinos da empresa. E, para esta nova relação, a maioria dos familiares não está devidamente preparada. Quando muito, se preocupam em adquirir conhecimentos sobre os negócios e a forma como gerenciar os mesmos. O que será insuficiente para o papel de acionistas.

Devemos considerar dois aspectos complexos deste novo momento. Além de haver uma pulverização do controle acionário, surge agora um vínculo pelo capital, que torna os herdeiros sócios e detentores de um poder muito mais diluído. Esta dificuldade existe tanto para os herdeiros como também para fundadores, que imaginam perpetuar seu modelo de "dono", no qual as decisões podem ser tomadas sem maiores consultas ou prestação de contas.

O grande desafio neste sistema é educar os herdeiros para o exercício do papel de acionistas e, simultaneamente, criar estruturas de poder, informações, prestação de contas e relacionamentos, para a continuidade patrimonial. Por estruturas entendemos Acordo, Protocolo, Conselho de Família, de Acionistas e de Administração. Vale ressaltar que estas estruturas devem respeitar a fase, a geração e o próprio processo de preparo da família.

É importante também destacar que toda esta formação exige uma abordagem muito mais lógica, já que, na qualidade de "sócios", os descendentes deverão tomar uma série de decisões que envolvem risco do capital e até a sobrevivência e a agregação de valor ao patrimônio.

Por fim, temos o sistema Empresa, cuja continuidade depende, essencialmente, dos ajustes e encaminhamentos dos sistemas anteriormente mencionados. No entanto, de forma especial, a empresa deve ter capacidade de se reinventar e fazer os ajustes em função das constantes e novas exigências do mercado.

De todos os sistemas, é aquele em que as soluções apresentam demandas de caráter mais estrutural e estratégico.

Mas essas resoluções de forma alguma poderão ser tomadas de maneira isolada do envolvimento e compromisso dos seus controladores do capital. Isso constitui também um dos grandes desafios para os herdeiros, pois a sucessão gerencial implica mudanças muitas vezes radicais do ponto de vista hierárquico. É muito comum que, na primeira geração, a lealdade dos funcionários esteja baseada na figura do fundador. Porém, as gerações seguintes precisam transferir este sistema de adesão personalista para a empresa como uma entidade mais ampla. Nesta fase, ela estará representada pelas estruturas de governança e pelos representantes dos acionistas. Ou seja, o modelo da primeira geração não se reproduz nas que se seguem.

A seguir estão listados os indicadores pesquisados, acrescidos das ações adotadas pelos grupos controladores ou por suas empresas. Vale lembrar que estes detalhamentos não permitem identificar as famílias e as empresas. Eles estão apresentados da forma mais didática, isenta e descritiva possível, permitindo ao leitor extrair suas próprias conclusões.

Embora a ordem dos indicadores não represente uma sequência ou um conjunto de prioridades pré-estabelecido, ela pode ser encarada como produto dos aprendizados obtidos com a experiência das empresas familiares de vida mais longa.

a) Sistema Família

Valores da família empresária

Entende-se por valores da família um conjunto de princípios, crenças, ideologias, rituais e orientações que caracterizaram a conduta dos familiares ao longo de sua história. Este conjunto deve ser transmitido às futuras gerações para que norteie sua forma de pensar e agir.

Uma das famílias expressou o conceito da seguinte maneira: "Por muito tempo, os valores da família se confundiram com os da empresa, por causa da forte cultura da família.

Existem interferências mútuas e constantes entre os princípios que regem a família e aqueles que orientam a empresa, desde a sua fundação."

Esta família efetuou uma revisão recente dos seus valores e os colocou na seguinte ordem:
- União
- Aliança em torno da empresa
- Integridade e ética
- Chama empreendedora
- Crescimento e realização pessoal
- Responsabilidade social
- Alegria e paixão no que faz
- Simplicidade
- Generosidade e gratidão
- Respeito

Em outra das empresas, os valores se baseiam numa carta enviada por um dos fundadores aos seus descendentes e na qual se lê: "Eu vos saúdo agradecendo a vossa norma de conduta, com a qual, em tudo e por tudo, guiastes nossos abençoados filhos ao temor de Deus e ao trabalho. Meus filhos, desde pequenos fostes educados no temor a Deus, sã consciência e teimosa ocupação, verificando que o trabalho faz a vida alegre e independente, tornando o sono sereno e sem remorsos. Assim fostes criados, desde pequenos, para não estranhardes grandes trabalhos; frequentando colégios de destaque, para não vos tornardes propriedade de espertalhões. E desta forma deveis guiar vossos filhos nas próximas gerações."

Para esta família, os principais valores são:
- Visão do futuro
- Respeito e valorização das pessoas
- Responsabilidade social
- Comprometimento
- Integridade
- Transparência

Outra família listou ainda os seguintes:
- Determinação
- Disciplina
- Serenidade
- Sinceridade
- Humildade
- Amor ao que faz
- Amor ao próximo
- Honra aos compromissos assumidos

Temos ainda os valores da quarta família:
- Ética
- Transparência
- Agilidade
- Adaptação às mudanças

E da quinta:
- Amor a deus
- Amor ao próximo
- Amor ao trabalho
- Honestidade
- Respeito
- Simplicidade

As repetições e as diferenças são provenientes tanto da localização geográfica da família no Brasil como de sua origem cultural e étnica, de seus estilos de liderança e de seus vínculos religiosos ou filosóficos, além da "catequese" e dos rituais desenvolvidos pela família. Nada aqui deve ser avaliado pela perspectiva do que é "certo" ou "errado". É importante que o leitor — ou as famílias leitoras — procure se manter sensível e respeitoso.

Dessa forma, o que fica bastante claro nos exemplos mencionados é o quanto o registro e a transmissão destas mensagens às novas gerações se mostrou vital para a longevidade da empresa, do patrimônio e da família.

Código de conduta

A maioria das empresas pesquisadas mantém os itens referentes à conduta dos familiares, herdeiros e acionistas como parte do seu Acordo de Sócios ou Acionistas. Apenas uma desenvolveu este documento separadamente.

Vale ressaltar também que, em alguns casos, devido à sua longevidade e ao aumento do número de herdeiros, as famílias estruturaram um "grupo de controle" que mantém entre si os entendimentos e a estrutura de governança. Este encaminhamento visa agilizar o processo decisório do capital sem deixar de manter informados, ou até mesmo de envolver, os demais sócios. Em cada caso, o Acordo ou o Código de Conduta pode ser aplicado apenas aos sócios acordantes ou, de forma extensiva, a todos os familiares, herdeiros e acionistas.

O Código de Conduta abaixo transcrito foi elaborado tendo em vista apenas a participação dos denominados "sócios acordantes". Seus itens são os seguintes:

1. manter os interesses da companhia acima dos interesses individuais em assuntos ligados aos negócios do grupo;

2. contribuir para a perpetuação da empresa no controle dos grupos familiares e para a harmonia entre seus integrantes;

3. acatar as diretrizes estabelecidas pelo Acordo de Acionistas, notadamente no que diz respeito à venda de ações ordinárias;

4. conhecer e respeitar o estatuto social e o regimento da administração superior da empresa;

5. zelar pela reputação pessoal, evitando situações que possam afetar a imagem da empresa;

6. acatar os critérios técnicos e profissionais para admissão de acordantes ou de seus familiares na empresa, priorizando, rigorosamente, as qualificações do candidato;

7. obter autorização do Conselho de Administração para contratação de serviços ou fornecimentos por parte dos Acordantes ou seus familiares;

8. manter sigilo sobre as informações consideradas confidenciais ou privilegiadas;

9. abster-se de fazer declarações públicas em nome da empresa e de comentar, externamente, decisões de seus gestores;

10. não utilizar, sob nenhum pretexto, o nome e o prestígio da empresa em benefício próprio;

11. comprometer-se a utilizar o comitê do Acordo de Acionistas como canal formal de interlocução do acordante com a empresa em assuntos relativos ao Acordo de Acionistas.

Como é possível observar, este documento procura regular tanto questões individuais como coletivas. Porém, ele também demonstra que compete aos acionistas se comportar de forma a agregar valor ao prestígio recebido. Ou seja, é um sistema de reciprocidade entre o que se recebe e o que se deve oferecer.

Dos grupos pesquisados que incorporaram a questão de conduta familiar em seu protocolo, os controladores se expressam afirmando que o documento, além da história e dos valores da família, deixa registrados os consensos a que seus membros chegaram. Tudo, porém, devidamente alinhado com uma postura de respeito e valorização do caráter familiar do grupo. Este documento rege as relações entre família, propriedade e empresa e busca assegurar a continuidade do controle familiar da companhia nas próximas gerações. Nele, há um capítulo que trata, especificamente, da conduta dos familiares na sociedade, nas relações entre si e na empresa (para os que nela trabalham), assim como da forma como os que não trabalham no grupo devem se relacionar com o mesmo.

Conselho de Família

Das empresas pesquisadas, apenas duas possuem um Conselho de Família formalizado. Ele se dedica a realizar atividades de integração, formação e informação de todos os membros familiares, independentemente do seu vínculo acionário.

Uma das famílias entrevistadas afirma possuir uma estrutura de governança familiar que conduz os processos destinados a zelar pela união e pelo desenvolvimento de seus membros. O referido Conselho de Família é integrado por membros eleitos pelos demais familiares, buscando representar os interesses de seus integrantes, respeitando a diversidade familiar e os critérios de participação. As reuniões, que acontecem trimestralmente, buscam chegar a decisões tomadas por consenso. Os conselheiros são remunerados por sua efetiva participação no mesmo.

Outra das famílias possui um conselho que segue uma estrutura semelhante e que se reúne a cada nove meses, ou sempre que necessário. As reuniões são registradas em ata.

Registro da história

Nossos cinco grupos familiares possuem registros históricos que remetem à época dos seus fundadores. Todas editaram livros e criaram um arquivo fotográfico, e quatro delas possuem um museu com estrutura própria e aberto ao público. Além disso, algumas destas empresas se tornaram tema e matéria de investigação de pesquisadores, historiadores e interessados no desenvolvimento de estudos sobre o processo de industrialização do Brasil.

Uma delas transformou uma antiga unidade fabril em museu, com equipamentos e produtos, tendo se tornado uma referência das origens do seu segmento na industrialização nacional.

Outra, que também criou um museu de referência no seu segmento de atividade, possui um livro sobre a sua história preparado por um dos familiares da terceira geração.

Dedicamos a este indicador uma importância especial porque está devidamente comprovado que, sem a consciência do legado herdado, a simples transferência de uma herança para as gerações seguintes não cria o compromisso de perpetuar e agregar valor ao patrimônio. O conhecimento das origens gera orgulho e visão de continuidade, pois tanto o presente como o futuro não estão desvinculados do passado.

É uma importante recomendação que todo este processo de registro e divulgação do conhecimento se inicie desde muito cedo na vida dos herdeiros. Faz parte fundamental do seu preparo não apenas para a herança, mas para a vida.

Apenas como reforço destas observações, vale registrar que as empresas longevas da Europa e da Ásia — onde estão as empresas familiares mais antigas do mundo — creditam boa parte do seu sucesso à transmissão do legado familiar.

Organização de eventos e encontros

Das cinco empresas pesquisadas, quatro organizam eventos ou encontros, de forma estruturada, para todos os familiares. De modo geral a organização destes eventos é de responsabilidade do Conselho de Família — quando existente — ou de um grupo de herdeiros.

Festas regionais significativas, inaugurações, lançamento de produtos ou até eventos sociais como aniversários ou casamentos são as ocasiões em que se dão encontros desse gênero. Porém, há ainda mais estratégias.

Uma das famílias entrevistadas organiza, a cada dois anos, um programa que recebe nas empresas os familiares entre oito e 16 anos. Eles também visitam o museu, restaurantes da empresa e as fazendas mais antigas do grupo. Da mesma forma, as famílias que possuem membros residindo em locais distantes se valem das festas de final de ano para organizar eventos de integração. Uma delas, inclusive, que apresenta este indicador de uma maneira bastante estruturada, desenvolveu até um calendário de atividades regulares, divulgado no início do ano, para que todos os familiares possam se programar com antecedência. Entre as atividades estão o Encontro da Família, a Assembleia Familiar e, trimestralmente, as reuniões de apresentação sobre o desenvolvimento dos negócios. Um detalhe digno de nota é que estas apresentações são feitas pelos familiares que trabalham nas empresas. A cada seis meses, têm lugar os Programas Educativos Intensivos, do qual participam os familiares acima de 16 anos e para o qual são convidados palestrantes externos que possam apresentar assuntos de interesse geral e do mundo dos negócios. Também é feito um programa trimestral de finanças, para os maiores de idade.

Como é possível observar, a organização de eventos é uma das fortes características das empresas centenárias. Ou seja, integrar e manter os laços familiares de forma agradável e informativa tem se mostrado útil para a continuidade e o alinhamento dos vínculos.

Busca de alternativas fora da empresa

Dentre os riscos que as empresas longevas correm, podemos destacar a pulverização do capital representado por uma participação acionária individual cada vez menor; a dependência financeira dos rendimentos da empresa ou da família; a exclusividade do grupo familiar como única alternativa para a realização profissional; a dificuldade para encontrar sonhos próprios devido à "sombra" de pais ou familiares "brilhantes", que conquistaram muito sucesso; a falta de estímulos para o espírito empreendedor (afinal, já está tudo pronto); e o sentimento de conformismo provocado pela educação familiar, que se preocupou, excessivamente, em poupar as novas gerações de sacrifícios ou da busca de conquistas próprias.

Das instituições pesquisadas, apenas duas mantêm programas para estimular os herdeiros a se envolverem em novos projetos. A primeira declara que o número de negócios em que o grupo está envolvido cresce a cada dia e que, desta forma, os familiares dispõem de inúmeras alternativas, como propor novas atuações ou ingressar nos segmentos que estão mais de acordo com seus interesses e habilidades. Mas esta oportunidade não exclui a alternativa de criar negócios próprios. O outro grupo familiar, por sua vez, afirma seguir a premissa de "respeitar as escolhas individuais, além de garantir o sucesso do negócio principal". Para tanto, foi estruturado um Programa de Desenvolvimento Pessoal e Profissional, em que membros de diferentes áreas atendem os familiares para avaliar oportunidades pessoais e profissionais fora da empresa.

O financiamento destes novos empreendimentos é de responsabilidade do núcleo familiar a que pertence o herdeiro. Nenhuma das empresas mantém algum fundo para projetos do gênero, ao contrário do que se dá em muitos grupos na Europa. No Brasil, já encontramos fundos desta natureza em algumas famílias empresárias. Mas todas com tempo de existência menor.

Liquidez dos herdeiros

Um dos grandes desafios econômicos e financeiros das empresas familiares — e de forma mais enfática a cada nova geração — é encontrar uma forma de equilíbrio entre suas necessidades de capitalização e as demandas de liquidez dos familiares. A tendência é que estas últimas cresçam numa progressão geométrica, dependendo das características e do crescimento das famílias.

Ao mesmo tempo, porém, a empresa também requer novos investimentos em ampliações, aquisições, lançamento de novos produtos, pesquisa etc.

A relação pessoal das novas gerações com o dinheiro, as finanças pessoais e a autonomia financeira tem merecido cada vez mais atenção.

Das empresas pesquisadas, uma entende que os familiares recebem salários coerentes com o mercado. E, assim, cada um deles deve administrar suas finanças pessoais de acordo com seu estilo de vida e suas responsabilidades. Seguindo esse estilo, a maioria não organiza nenhum tipo de atividade voltada para a orientação financeira dos familiares, buscando apenas manter uma postura de austeridade, essencialmente baseada nos exemplos oriundos das gerações anteriores.

Aqui nossa conclusão é a de que a responsabilidade pela liquidez é um assunto de cada núcleo familiar ou de cada acionista. Tanto a empresa quanto a própria sociedade não podem ser vistas como fonte de recursos para eventuais emergências ou como pronto-socorro para crises financeiras pessoais.

Conflitos ou divergências familiares

A maioria das famílias declara que as questões familiares são tratadas de forma direta a fim de evitar que permaneçam latentes. Embora exista uma clara consciência de que eventuais divergências familiares podem ter impactos sobre os negócios e a imagem da empresa e da própria família, existe certo constrangimento em abordar este tema de forma mais explícita.

De início percebe-se alguma dificuldade em admitir a expressão "conflito". Esta conduta é plenamente compreensível sob o olhar de nossa formação latina, e assim as expressões "diferenças", "divergências" ou "interesses distintos" possuem melhor aceitação, por serem mais "palatáveis".

Algumas famílias aproveitam as refeições ou os eventos familiares para trocar opiniões sobre os assuntos mencionados, mas é evidente que, com o natural crescimento quantitativo de parentes, isso se torna cada dia mais difícil. Os núcleos que possuem um Conselho de Família, por sua vez, afirmam que os conflitos são tratados neste fórum, e há quem diga ainda que o Acordo regula esses problemas.

O que vale registrar, aqui, é que nenhuma das empresas nega a importância do tratamento deste indicador, tendo em vista os eventuais impactos que ele pode ter na própria família, na sociedade ou nos negócios.

Familiares que trabalham nas empresas controladas

Todas as empresas pesquisadas admitem familiares como funcionários. No entanto, a forma como cada uma regula esta questão apresenta diferenças e características próprias.

Dois de nossos grupos não desenvolvem nenhum "estímulo" para que os familiares olhem a empresa como sua única alternativa de trabalho. Os que se mostram interessados são submetidos a um processo seletivo que prevê, além da formação, uma experiência prévia comprovada em alguma organização externa ao grupo. Por sua vez, outra das empresas, que tem todos os herdeiros em idade profissional trabalhando na companhia, veta o ingresso dos cônjuges em qualquer circunstância. A maioria dos familiares que trabalham nas empresas se encontra situada em posições acima da média gerência. E, entre estes, aproximadamente 90% ocupam cargos de direção estratégica. Da mesma forma, estão também estabelecidos os critérios para exclusão de parentes em dois grupos. As razões pelas quais isto pode ocorrer constam no Acordo Societário ou no Protocolo de Família.

Percebe-se também, entre os grupos, uma tendência comum a empresas de vida mais longa em todo o mundo: a elaboração de uma estrutura em que convivem gestores familiares e gestores não familiares. Este encaminhamento supera, inclusive, as estruturas em que a família permanece apenas nos fóruns de governança de sócios ou acionistas, e nas quais a gestão é, integralmente, delegada a gestores não familiares.

Diversidade cultural com as "novas famílias"

Empresas de família que ultrapassam a segunda geração se deparam com uma diversidade natural, e até inevitável, de culturas, consequência dos novos núcleos que vão surgindo. Estas diferenças são provocadas basicamente pela união dos herdeiros com membros de outras famílias, que aportam novas condutas e valores, e podem se refletir, de forma muito concreta, em questões como a educação dos filhos, a participação feminina, a integração dos cônjuges, a relação com poder e dinheiro, o status, o grau de exposição social etc.

Três dos grupos não manifestaram nenhum posicionamento ou ação acerca deste tema. As duas restantes se colocam da seguinte forma:

- "Nossa família busca absorver a diversidade e acolher as individualidades, tendo profundo respeito ao próximo e a todos aqueles com quem os familiares interagem. Ela acredita que respeitar possibilidades divergentes e evitar preconceitos é sinal de sabedoria. Entre os nossos valores consta a certeza de que as afinidades são decisivas para a união, mas somente as diferenças fertilizam."
- "Lidamos naturalmente com as diferenças. Respeitamos as diferenças naturais de cada geração. A educação dos filhos é papel, e responsabilidade, de cada núcleo familiar, e ela será conduzida, e feita, com base na forma como cada uma delas enxerga, e até mesmo interpreta, o mundo ao seu redor."

b) Sistema Patrimônio

Como exposto anteriormente, este sistema diz respeito aos vínculos estabelecidos pela herança do patrimônio, o que torna os herdeiros sócios ou acionistas sem que, para tanto, houvesse liberdade de escolha. A Sociedade Familiar, a partir da segunda geração, torna-se uma sociedade imposta, o que lhe dá características próprias, sem a figura de um "dono" e com vínculos que se criam pelo "capital", por meio das participações herdadas.

É evidente que esta nova situação pode ser analisada previamente, quando ainda se tem a presença do fundador. Aliás, a experiência indica que o ideal é encaminhar e avaliar as possibilidades desta futura sociedade com antecedência, embora também devamos reconhecer que, do ponto de vista emocional, para a maioria dos fundadores esta não é uma situação confortável.

Muitas vezes o papel de patriarca se sobrepõe ao que se espera do empresário — em especial se houver indícios de que os herdeiros não conseguirão um entendimento mínimo para manter e agregar valor ao patrimônio herdado. Nesta hipótese, o fundador poderá vender ou dividir a herança, permitindo que cada herdeiro dê continuidade à própria vida, agora de forma individual.

É evidente que estas alternativas nem sempre são emocionalmente aceitas pelos fundadores e seus descendentes. O processo não é lógico e não pode ser tratado, exclusivamente, com uma abordagem de caráter estritamente legal ou tributário. Transformar herdeiros em sócios é um processo, muito mais do que complexo, bastante delicado. Exige um preparo que não é fornecido pelo mundo acadêmico. Necessita ser construído respeitando uma série de variáveis.

O mais recomendável é evitar soluções artificialmente estruturadas, copiadas ou impostas. Testamentos, *holdings* patrimoniais e tantos outros recursos legais ou tributários podem proteger o patrimônio, mas não evitam conflitos pela eventual falta de consenso e participação dos herdeiros.

Os indicadores descritos a seguir representam, acima de tudo, um amplo processo de aprendizagem, desenvolvido como parte do exercício de, e para, uma relação societária.

Acordo ou Protocolo Societário

Um dos princípios básicos que deve ser ressaltado em relação a este instrumento é que ele não se restringe apenas a um modelo formal, capaz de ser entregue "pronto" aos familiares/acionistas ou de ser copiado de outra família ou empresa. Sua construção exige uma elaboração participativa, em especial porque o documento deve refletir as necessidades, as expectativas, as motivações e os compromissos do passado e presente do grupo. Todo este conjunto de itens carrega, com muita certeza, prováveis impactos sobre o futuro da sociedade e das empresas, mas, quando elaborado de forma alinhada, pode assumir um caráter preventivo e educativo.

Merece destaque — com base na experiência prática destas e de outras famílias empresárias — que o processo de elaboração do Acordo ou do Protocolo é tão ou mais importante do que seu próprio conteúdo. A elaboração participativa funciona como um exercício societário antecipado ao efetivo relacionamento das gerações seguintes. Ele tem se mostrado extremamente útil para a convivência e para o respeito mútuo, além de estabelecer um conjunto de direitos, deveres e obrigações para todos os seus componentes.

Das empresas pesquisadas, quatro delas possuem um documento formalizado, atualizado regularmente. Abaixo estão alguns dos pontos de destaque do documento de cada uma delas, dos quais a maioria já existe há duas décadas.

Gerido por seu comitê executivo, o Acordo, visa a:

1. preservar a tradição de idoneidade e competência que tem caracterizado a atividade secular da empresa;

2. assegurar a preservação do comando como um todo indivisível, a ser exercido em conformidade com os interesses sociais e visando ao desenvolvimento harmônico e proveitoso das atividades empresariais;

3. regular um conjunto de aspectos da relação dos acionistas, especialmente os que envolvem a alienação das ações de que são titulares e o exercício dos seus direitos de voto acerca de determinadas matérias da empresa.

O comitê executivo do Acordo é integrado por um número que varia de três a sete acionistas e que se reúne periodicamente, sem remuneração. Suas atribuições são:

1. aprovar a admissão de novos acionistas no Acordo, bem como providenciar o registro de desligamento de algum dos seus membros;
2. zelar pela fiel observância de suas normas;
3. providenciar as comunicações previstas no Acordo;
4. representar os acordantes diante da direção da empresa;
5. colher a manifestação dos acordantes para a formação do voto unitário nas assembleias;
6. convocar reuniões com os acordantes sempre que necessário;
7. propor alterações no Acordo e seus anexos, as quais devem ser feitas a qualquer momento, desde que representem pelo menos $2/3$ das ações vinculadas ao termo;
8. regulamentar os casos omissos.

O documento do grupo conclui dizendo que "o Acordo e seus anexos representam a vontade firmada entre os acordantes, devendo sempre se sobrepor a todos os prévios entendimentos, negociações, compromissos, correspondência e discussões entre os acordantes relacionados com seu objeto. Os termos e condições do Acordo obrigam os acordantes e seus herdeiros, sucessores e acionários a respeitarem suas normas".

Com algumas semelhanças e características próprias de cada grupo familiar, um documento assim também existe nas demais empresas. O que vale ressaltar é que, nos casos de companhias centenárias, onde o número de familiares/acionistas vai aumentando na progressão inversa da proporcionalidade individual das participações, um dos pontos que merece destaque é a forma como podem ser realizadas as transações acionárias entre familiares e com terceiros, assim como as questões relativas às atividades, aos negócios pessoais, às condutas e às posturas que possam ter impacto tanto na sociedade como na imagem da empresa.

Como reforço a este cuidado nas questões de conduta pessoal, registro aqui uma premissa que norteia o cuidado de algumas famílias. Ela é expressa do seguinte modo: a sociedade espera que os sócios se sintam orgulhosos de a ela pertencer. Porém, a sociedade também espera continuar se sentindo orgulhosa dos sócios que a constituem.

Governança societária

Tendo em vista que algumas destas empresas são S.A. de capital aberto e outras de capital fechado, existem variações próprias no que se refere à estrutura de governança. Cabe registrar que dois de nossos grupos permanecem sob o controle de apenas um núcleo familiar, enquanto os demais já envolvem um número maior de núcleos.

Naqueles em que existe apenas um núcleo familiar, o fórum de discussão possui uma estrutura mais simples, em que o Conselho de Acionistas também funciona como Conselho de Administração. Em ambos não participam conselheiros independentes ou externos.

Nos grupos S.A. de capital aberto e com mais de um núcleo familiar, as estruturas são mais complexas. Em uma delas, cada núcleo se constituiu sob a forma de *holding*, que, por sua vez, indica alguém para representá-lo na *holding* controladora. Esta é a que o representa e decide, com base nos interesses do grupo de controle, no Conselho de Administração. As posições do grupo controlador são sempre discutidas previamente pelos representantes de cada núcleo familiar, com base em consultas ao seu grupo. Desta forma, evita-se que eventuais discordâncias na agremiação de controle sejam expostas no Conselho de Administração.

Todas estas sociedades organizam assembleias semestrais ou anuais, das quais participam todos os familiares/acionistas.

Outra das empresas, de capital aberto, declara que o seu sistema de governança corporativa está baseado nos princípios de transparência, equidade e prestação de contas. Ele possui como principal instância de decisão o Conselho de Administração e seus comitês de assessoramento, compostos por membros do Conselho e por especialistas externos.

O Conselho de Administração é constituído por nove membros — sendo dois do grupo familiar controlador, dos quais um é o seu presidente —, que podem ser indicados e eleitos pela Assembleia Geral. O mesmo processo é válido para a indicação dos respectivos suplentes. Todos devem ser acionistas da companhia e têm o mandato unificado de um ano, sendo admitida apenas uma reeleição.

O Conselho de Administração tem como missão contribuir para a proteção e a valorização do patrimônio e a perenidade da companhia. Ele zela pelo retorno do investimento dos acionistas com base em uma perspectiva de longo prazo, desenvolvendo formas de sustentabilidade e a adoção das melhores práticas de governança corporativa para a definição dos negócios.

É possível perceber nestas estruturas a importância do que a höft convencionou chamar de Governança Invisível, isto é, fóruns que buscam levar entendimento aos núcleos familiares do grupo controlador. Dessa forma, vê-se como a continuidade de uma sociedade de controle familiar está diretamente relacionada ao preparo, à informação e ao comprometimento de todos os que possuem participação acionária, e não apenas dos conselheiros ou gestores. A todo este processo podemos intitular de profissionalização dos acionistas.

Sistemas de informações para sócios e familiares

Este indicador é da maior relevância quando examinamos as causas de algumas das maiores queixas de familiares e acionistas, em especial dos que estão fora da gestão dos negócios e que, muitas vezes, tomam conhecimento dos temas relativos à empresa por meio da publicidade, da mídia, ou até de boatos. Planos de expansão, novos investimentos, lançamento de produtos, fusões, posicionamento no mercado, concorrência e tantos outros temas fazem parte desta lista de assuntos.

Todas as empresas pesquisadas declaram possuir sistemas de informação para os acionistas e familiares. Porém, existe grande diversidade na forma como elas são tratadas, elaboradas e transmitidas. É evidente, por exemplo, que no caso dos grupos com um número maior de acionistas e familiares as informações exigem um caráter mais didático e acessível. Um dos grupos realiza dois eventos da seguinte forma:

1. Uma reunião trimestral sobre o negócio, na qual os familiares consanguíneos com mais de 18 anos e que não estão diretamente envolvidos em qualquer posição executiva da empresa são informados sobre o andamento dos negócios.

2. Uma reunião sobre o negócio nos Encontros da Família, nos quais a cada seis meses todos os familiares acima de 16 anos que não estão diretamente envolvidos na vida executiva da empresa são informados sobre os aspectos mais importantes do grupo.

Há ainda uma instituição que envia relatórios trimestrais a todos os acionistas da família e que realiza reuniões formais a cada nove meses. Além disso, por ser uma companhia de capital aberto, ela emite aos familiares as mesmas informações apresentadas ao mercado. Esse procedimento visa cumprir e atender as exigências das melhores práticas da Governança Corporativa.

Avaliação do desempenho dos gestores

Entre os múltiplos temas delicados e bastante característicos da empresa familiar está o estabelecimento de critérios para a avaliação do desempenho de parentes na gestão. Sua prática se reveste de impactos que ultrapassam os da simples avaliação profissional, em especial quando as conclusões levam à advertência, à remoção ou até à dispensa do familiar.

Numa empresa, é muito difícil tomar uma atitude severa com quem, posteriormente, deve-se ter uma boa convivência afetiva. Dificilmente estas providências conseguem ser encaradas com neutralidade, e isso ocorre tanto entre os diretamente envolvidos como entre os demais familiares, tais quais os cônjuges, os filhos, os pais etc. De qualquer forma, a experiência tem indicado que o assunto poderá ser melhor administrado nos casos em que há entendimento prévio, formalizado pelo Acordo ou pelo Protocolo.

Uma das empresas pesquisadas afirma que os executivos familiares são avaliados anualmente pelos mesmos processos utilizados formalmente pelo grupo, devendo obedecer as mesmas regras da organização, porém com maior rigor quanto aos aspectos de aceleração da carreira e quanto ao respeito aos itens do Protocolo de Família. Outro grupo informa que possui um Comitê de Avaliação subordinado ao Conselho de Administração, utilizando também uma assessoria externa no processo de avaliação. Os demais também dizem fazê-lo por meio de reuniões anuais dos Conselhos, e para tanto utilizam instrumentos reconhecidos e comprovados pelo mercado.

Sucessão societária

Considerando que todas as empresas pesquisadas já encaminharam de três a quatro processos sucessórios geracionais, elas acumulam experiências que, embora diferentes, merecem a devida atenção.

Aqui, não estamos falando da sucessão no âmbito empresarial, e sim do processo de continuidade do grupo controlador, o qual exige habilidades muito especiais. Afinal, a indicação de um representante de cada um dos núcleos familiares requer que este seja capaz de obter legitimidade entre os seus pares (irmãos). Ao mesmo tempo, porém, ele também deve conquistar a confiança e o reconhecimento dos representantes dos demais grupos de parentes.

Após quatro processos sucessórios, duas das famílias empresariais afirmam que a forma como ele se dá foi amplamente discutida e fixada através do Protocolo de Família ou do Acordo Societário. Esta definição prévia, já testada, tem se mostrado adequada e satisfatória.

Na maioria dos casos, as indicações para a representação em órgãos da governança, tanto societária como empresarial, é feita por escolhas familiares que devem ser referendadas pelos Conselhos de Família — quando existentes — ou pela Assembleia. Porém, elas são sempre precedidas de um longo processo de preparo dos herdeiros, além de delicadas negociações entre os acionistas.

Formação de herdeiros para o papel de acionistas

Um dos grandes aprendizados que as empresas centenárias conseguiram acumular ao longo do tempo é a consistente compreensão da importância de preparar os herdeiros para o papel de acionistas. E embora hoje esta conclusão possa parecer extremamente óbvia, isto nem sempre foi muito claro ou prioritário para a maioria das empresas familiares.

Devemos ter em conta que a herança cria um vínculo societário ou acionário entre os futuros detentores do patrimônio. Assim, boa parte das dificuldades em assegurar a continuidade das empresas reside na incapacidade ou no despreparo para este novo papel.

A maioria das empresas pesquisadas organiza internamente, e complementa externamente, a formação dos seus futuros acionistas, valendo-se de programas específicos. Entre eles está a oferta de cursos, eventos, palestras, oficinas, programas de intercâmbio e outras modalidades, realizados tanto no país quanto no exterior. Também faz parte destas atividades o estímulo ao ingresso dos futuros acionistas em associações de jovens empresários.

Capitalização para preservar o controle acionário

Como mencionado anteriormente, um dos desafios para os grupos familiares que ultrapassam a terceira geração é conseguir um equilíbrio entre os recursos para a capitalização do grupo controlador na sua participação acionária e a geração de liquidez para os acionistas.

Entre os nossos grupos familiares que já abriram capital, dois criaram fundos específicos com esta finalidade. Segundo um deles, o Acordo de Acionistas prevê, usando um fundo especial, a preservação do controle acionário. Esse fundo retém 10% dos dividendos dos participantes do Acordo, recursos geridos por uma instituição financeira que se reporta ao Conselho.

Outro grupo familiar de capital aberto declara que até agora a família tem acompanhado os aumentos de capital e mantém bastante elevados os índices de participação. Esta estratégia lhe permite uma razoável folga para a eventual diluição acionária na própria família. A pulverização é minimizada pela estrutura da própria *holding* familiar, que destina parte das suas reservas para capitalizações futuras.

A terceira empresa com capital aberto — mas que não mantém um fundo específico para o controle acionário da família — manifesta que permanece atenta às eventuais oscilações do mercado. A sua orientação é a de estimular os familiares para que preservem recursos financeiros destinados a possíveis aquisições.

Os dois outros grupos com apenas um núcleo familiar controlador, e que permanecem como S.A. de capital fechado, mantêm uma forte concentração familiar por meio de uma severa e disciplinada política de reinvestimentos.

Pulverização acionária

Um tema que merece atenção preventiva das empresas familiares é a pulverização acionária. Embora possa ser prevista com bastante antecedência, nem sempre ela é analisada ou se torna objeto de cuidados.

Nas empresas mais longevas, é evidente que uma das razões de seu tempo de vida é o genograma — desenho do tronco e seus descendentes familiares —, que mereceu as devidas atenções e cuidados. Um dos recursos utilizados é permitir transações acionárias entre parentes — devidamente reguladas pelo Acordo ou Protocolo — de forma a estimular a reconcentração do controle e a redução do número de acionistas com pequenas participações.

Entre as empresas pesquisadas, a que apresenta o maior número de acionistas totaliza — no momento — 2.339. A de menor número está na transição de dois para três. No meio destes dois extremos está a que se situa com cinco participantes e a que possui o número de seis, mas já com perspectivas de evoluir, no médio prazo, para trinta. A última está composta, atualmente, por 26 acionistas.

Um procedimento muito comum nos grupos familiares europeus de vida mais longa é a chamada "poda", ou seja, a constante reconcentração do controle acionário nas mãos de um grupo menor e mais compacto de familiares. Em alguns casos existe até uma estrutura similar a uma Bolsa de Ações, que visa negociar as participações acionárias dos parentes.

Propriedades de uso comum

Muitas famílias possuem propriedades sem relação direta com a empresa ou sua atividade principal: sítios, fazendas, clubes de campo, casa de praia, imóveis no exterior etc. Está comprovado que boa parte dos incidentes e desgastes nas relações familiares decorre das dificuldades em estabelecer e obedecer os critérios para a utilização e o desfrute desses locais, tanto coletiva como individualmente.

Da mesma forma, constata-se que, na primeira geração, este assunto é menos problemático, pelo fato de os próprios fundadores — na qualidade de patriarcas — arbitrarem eventuais conflitos no uso das mesmas. É digno de registro, aqui, que nenhum dos grupos que ultrapassou o centenário da sua fundação mantém qualquer tipo de propriedade para uso comum.

A orientação da maioria das empresas familiares é que este tema seja equacionado com base nos interesses de cada núcleo, ou seja, lazer e propriedades sem relação direta com o negócio ou a sociedade ficam sob a responsabilidade de cada uma das famílias. Alguns dos grupos que afirmam possuir outras propriedades não diretamente vinculadas ao negócio principal, declarando que elas estão destinadas apenas a atividades complementares aos negócios. Assim, possuem um caráter eminentemente produtivo.

Proteção patrimonial

É bastante comum que muitos grupos familiares criem estruturas ou mecanismos de proteção patrimonial. Como afirmamos anteriormente, este procedimento tem como premissa a preservação do patrimônio como princípio.

Entre os cinco grupos pesquisados, quatro deles utilizam a estrutura de *holding*. Naquelas em que há mais de uma família, elas estão estruturadas em dois níveis distintos: uma *holding* constituída para cada núcleo familiar e outra, de caráter mais geral, em que se agrupam as respectivas *holdings* de cada família. Esta figura jurídica evita que a pulverização em cada núcleo familiar atinja diretamente a sociedade plena. Ela cria um sistema de representação em que cada uma das famílias deve administrar sua participação e obter um consenso para levar ao coletivo.

Estas estruturas contemplam também algumas questões do código civil, como regimes de casamento e direito de família, aspectos do direito societário e mecanismos e proteções de caráter tributário. Claramente, portanto, é da maior importância que estas questões de caráter legal mereçam a devida atenção. E isto se percebe com facilidade na maioria dos casos apresentados.

Investimentos não operacionais

Algumas sociedades familiares com atividades muito concentradas em um respectivo segmento podem destinar parte dos seus recursos a um processo de diversificação dos riscos financeiros.

Entre as empresas pesquisadas, apenas duas mantêm aplicações, sob diferentes formas e produtos, no mercado financeiro.

Fundamentos para o sucesso da relação societária

Quando observamos sociedades familiares com vida longa, é possível afirmar que nada ocorre por acaso. Todo o resultado é produto de muito esforço, de compreensão, de concessões mútuas, assim como de objetivos, sacrifícios, êxitos e muitos outros indicadores em comum.

Instados a relacionar alguns dos pontos que consideram fundamentais para ultrapassar os cem anos de existência, os grupos teceram as seguintes observações:

- O sucesso da relação societária está na capacidade da família de tomar todas as suas decisões por consenso, o que evita conflitos e a preponderância de determinados grupos. Isso pressupõe o compromisso de todas as partes envolvidas em buscar uma solução negociada para quaisquer questões, independente de sua natureza.
- É preciso ter diálogo aberto e permanente entre os membros da família, pré-estabelecer acordos e entendimentos sobre

questões societárias e sobre a gestão entre seus membros, separar os assuntos que envolvem decisões de caráter familiar dos que envolvem decisões de caráter societário ou empresarial.
- É preciso manter o controle familiar sempre restrito a um núcleo e evitar, de forma muito especial, a pulverização do controle societário pela família.
- Devem existir lideranças fortes e capazes, devidamente legitimadas em cada uma das instâncias de poder, tanto no âmbito da família como no da sociedade e da empresa.

c) Sistema Empresa

Governança corporativa

A estrutura de governança corporativa é um dos instrumentos que os acionistas podem utilizar para, de forma integrada com a estrutura executiva, agregar valor à gestão das empresas. É também, de todos os fóruns da governança societária/familiar, o espaço no qual a participação de conselheiros independentes tem se mostrado de grande utilidade e valor. Neste caso, o único cuidado a ser tomado é o de não deixar que os conselheiros sejam solicitados, ou envolvidos em temas que exijam mediação, arbitragem ou qualquer posicionamento diante das possíveis divergências entre acionistas. Se isso ocorresse, tenderia a fragilizar o grupo controlador ou criar agrupamentos de preferência na representatividade. Além disto, usar conselheiros externos para estas finalidades representa um mau aproveitamento de suas competências, capacidades e contribuições.

Da mesma forma, não se deve perder de vista que quaisquer decisões que envolvam risco do capital serão sempre da responsabilidade dos acionistas. Também já está superada a época em que as empresas contratavam seus conselheiros considerando apenas seu prestígio e o trânsito que tinham em órgãos governamentais ou naquilo que era chamado de "poder concedente". Ou seja, o que as empresas buscavam, de fato, eram estruturas de lobby, a fim de facilitar seus trâmites e licenças.

Com as crescentes perspectivas de abertura de capital das empresas nacionais, a estrutura de Governança Corporativa ganha maior importância. O que exige que os grupos familiares já se antecipem a este processo.

A seleção dos conselheiros externos, hoje, deve ser feita com base em dois critérios: sua ampla experiência e seu domínio, devidamente comprovado, de alguma área que possa aportar inovações e agregar valor à empresa. Devendo ser aceitos por unanimidade pelo grupo dos Conselheiros Controladores, eles não devem ser contratados para representar os interesses de apenas uma das partes dos acionistas. Quando isto ocorre é porque já existem conflitos de interesses entre os acionistas. Neste caso, o fórum para solucionar estas questões é o Conselho de Sócios ou do Controle do Capital, jamais o Conselho de Administração.

Entre os grupos pesquisados, existem distintas formas de estruturar o Conselho. Estas diferenças são decorrentes da variação do número das famílias com participação acionária na mesma empresa, bem como da quantidade de familiares envolvidos na gestão.

Para um dos grupos com várias famílias controladoras, a Governança Corporativa se baseia num Conselho de Administração e em vários comitês a ele subordinados, os quais se dedicam aos seguintes campos: executivo; operações de negócios; estratégia; remuneração e sucessão; governança.

Outra das empresas possui estrutura com algumas semelhanças. O Conselho de Administração é composto por quatro membros, sendo dois acionistas/familiares e dois conselheiros independentes. Abaixo do mesmo estão os comitês de assessoramento, que tratam dos seguintes temas: investimentos; auditoria; remuneração; governança e divulgação. Além da Diretoria Executiva, também estão subordinadas a ele as auditorias, tanto interna como externa.

Finalmente, vale um registro sobre o Comitê Executivo, o órgão máximo da direção executiva da empresa e segue a estratégia e diretrizes estabelecidas pelo Conselho de Administração. Ele é responsável pela coordenação global dos negócios, seu crescimento e sustentabilidade. Participam deste comitê todos os diretores, o que inclui dois familiares que ocupam as posições de CEO e COO. Suas reuniões ocorrem quinzenalmente e ele também se reporta ao Conselho Fiscal.

O Conselho de Administração é composto por seis membros, dos quais três são acionistas/familiares e os outros três são independentes. Todos escolhidos de comum acordo. O número de reuniões é de dez por ano.

Remuneração de sócios e familiares na gestão

A unanimidade das empresas participantes respondeu que sua política salarial é baseada em pesquisas de mercado e que esta mesma política, tanto para salários diretos como para benefícios ou bonificações, é também a mesma que se aplica aos sócios e familiares do grupo.

Controle familiar e gestão mista

Entre as inúmeras formas de categorizar as empresas familiares, encontra-se a que as divide em três modelos distintos, entre controle e gestão. A saber: empresas onde tanto a propriedade (controle) como a gestão permanecem nas mãos, e no comando, de familiares; empresas em que o controle do capital é estritamente familiar, enquanto a gestão é exercida, integralmente, por gestores não familiares; e, por último, empresas em que o controle permanece com a família, enquanto a gestão é exercida de forma mista. Ou seja, sua estrutura executiva está composta por gestores familiares e não familiares.

Todas as empresas pesquisadas se enquadram na terceira classificação, de controle familiar e gestão mista. O que varia entre elas é o número e a proporção de familiares e não familiares presentes no gerenciamento das empresas.

Vale registrar que esta é a estrutura da maioria dos grupos familiares no mundo, especialmente dos que ultrapassaram os cem ou duzentos anos. Para mais informações, vide o capítulo "Empresas Familiares europeias com mais de duzentos anos", onde estão os resultados de uma pesquisa realizada entre empresas familiares europeias.

Vocação de origem e diversificação

Uma das constatações de grande relevância nesta pesquisa é a de que todas as surpresas se mantiveram fiéis à sua vocação de origem. Em nenhum momento elas fizeram incursões por outras atividades.

Ao mesmo tempo, também merece destaque o fato de que, questionados em relação ao futuro, nossos grupos foram unânimes em afirmar que não pretendem realizar nenhum tipo de diversificação que as afaste das origens, do reconhecimento e da imagem.

Isto não significa, porém, que não tenham feito inovações, aquisições e fusões, nem deixado de se ampliar no mercado e se internacionalizar. A maneira como cada um dos grupos descreveu, enfaticamente, a forma como esta orientação, tanto familiar como societária, norteou toda sua história e decisões estratégicas, quer seja no passado, no presente ou no futuro, não deixa nenhuma dúvida sobre a importância que este indicador representa para seu sucesso e continuidade. Em alguns casos, é possível observar decisões e investimentos de verticalização, o aproveitamento dos mercados já existentes e o uso da matéria-prima ou da sua capacidade produtiva. Sempre, porém, preservando suas atividades de origem.

Integração das novas gerações

Considerando a importância da história, dos aprendizados, das conquistas, dos reveses e das mudanças etc. para as empresas centenárias, poder-se-ia imaginar que a inserção das novas gerações devesse ser um tema bastante difícil, especialmente pelo fato de, na última década, ter ocorrido um significativo aumento dos índices de longevidade, acompanhado da melhoria na qualidade de vida dos idosos.

Este é claramente um desafio novo, mas não é a principal dificuldade do processo de continuidade dos grupos familiares. De qualquer forma, é possível constatar que em todos eles existem programas, materiais, informações e sistemas que visam integrar os membros mais novos. Pode-se afirmar até que houve uma relativa ritualização no processo de integração em tudo o que diz respeito aos valores das origens de cada grupo. Como resultado de todo este conjunto de providências, o diálogo aparece como uma das causas mais eficazes do êxito deste processo que envolve tanto os familiares que optam por trabalhar nas empresas da família como os que fizeram outras opções na busca de sua realização. E isso tanto no nível pessoal e societário quanto profissional.

Responsabilidade social

Todas as empresas que participaram de nossa pesquisa desenvolvem atividades relacionadas à responsabilidade social. Esta participação tanto se dá nas comunidades mais próximas, onde cada uma ainda mantém sua atuação e sede central, como num âmbito mais amplo, seja regional ou nacional.

Alguns grupos apresentam um caráter mais filantrópico, enquanto outros se valem de instituições próprias, que estimulam tanto o desenvolvimento individual como o coletivo ou o comunitário. De qualquer forma, já se faz sentir em algumas empresas a preocupação e o compromisso com a sustentabilidade, tema recente que ganha mais importância, bem como novas formas de atuação, a cada dia.

Entendem todas estas famílias que este não é um assunto que diz respeito apenas às empresas. Também os membros controladores precisam — e se sentem responsáveis por — manter políticas de participação na comunidade, no que qualificam como um compromisso de retribuir à sociedade parte dos resultados e do prestígio que ela mesma proporcionou a estes grupos.

Internacionalização

Entre as empresas pesquisadas, encontramos algumas que já se tornaram multinacionais, sendo a maioria exportadora. Portanto, outra característica marcante destes grupos é que conseguiram se internacionalizar sem perder vínculos e raízes com seu país de origem.

É evidente que este processo exigiu também que as próprias famílias controladoras se internacionalizassem, e isso é, a cada dia, um dos novos desafios para as gerações futuras.

Neste indicador, merece destaque o fato de que, para internacionalizar uma empresa, não basta contratar executivos com experiência nos mercados externos. A cada dia mais se torna vital que também as novas gerações tenham um processo de exposição e experiência profissional no mercado mundial.

É claro que para muitos grupos o mercado interno ainda é bastante extenso e desafiador. Porém, é também inevitável que, num processo de crescimento contínuo, surgirão oportunidades de associações, incorporações ou fusões com investidores ou grupos que atuam em outros mercados. Por esta e tantas outras razões, é importante desenvolver um "olhar" para o mundo como um todo, além de manter-se aberto a ele.

O processo de aprendizagem para as famílias empresárias é constante, e cada nova geração viverá este renovado desafio para assegurar que os empreendimentos se ampliem.

Comentários finais

Como dissemos no início deste capítulo, o conjunto de indicadores de longevidade aqui apresentado não deve ser encarado como uma "receita" de sucesso nem como uma série de ações a ser seguida incondicionalmente.

Ao contrário, deve ser tema para análise e avaliação da parte de cada grupo familiar. Poderá servir no sentido de criar um processo reflexivo e de ação. Quando muito, pode ser encarado como auxílio num processo de aprendizagem. Porém, cada grupo familiar deve vivenciá-lo de acordo com suas características, sua história, seus valores, seus objetivos e suas perspectivas.

Confiamos também em que este trabalho servirá para valorizar e ampliar o conhecimento da empresa nacional de controle familiar. Afinal, sendo a empresa familiar a maior geradora de empregos no mercado nacional, nada mais justo do que aprofundar os conhecimentos sobre ela.

Também não podemos nos furtar em registrar o importante papel que estas famílias, sociedades e organizações representam na formação de um modelo empresarial brasileiro, de forma que também neste campo do conhecimento e pesquisa nos seja possível ampliar a compreensão do papel que as famílias empresárias exercem em nossa história, tanto do ponto de vista econômico quanto do político e social.

Este livro é uma pequena contribuição — ou, quem sabe, uma mera provocação — para os estudiosos e acadêmicos que se dedicam à pesquisa, às descobertas e à divulgação das nossas origens.

Nossas conclusões

Todo este conjunto de indicadores fortalece nossa crença de que a continuidade das empresas familiares é um tema muito mais abrangente do que simples encontro de sucessores para a gestão dos negócios ou a profissionalização das empresas.

Perpetuidade é o grande desafio para a família empresária. E isto pode implicar que nem todos os familiares continuem na sociedade, embora permaneçam na família. Ao mesmo tempo, porém, exige romper com o sistema patriarcal na medida em que se cria um alinhamento de valores, assim como a visão comum da forma que se deve continuar agregando valor ao capital.

É preciso, também, aceitar e praticar a relação familiar com toda a sua complexidade e delicadeza, encarando diferenças, conflitos, divergências e a busca da realização e do interesse comum.

Construir um coletivo forte pressupõe individualidades fortes, o que nem sempre as famílias admitem. Além disso, pressupõe uma manutenção sempre ativa do processo educativo dos membros da família, a fim de prepará-los para seus novos desafios e responsabilidades. Afinal, para as empresas familiares preocupadas com sua continuidade, este é um processo permanente. Responsabilidade de cada nova geração.

A gestão patrimonial contribui para longevidade da família empresária

Existe um antigo ditado popular que afirma: "Uma mãe é capaz de manter dez filhos, mas nem sempre estes dez filhos são capazes de manter uma mãe." Há ainda outro, mais conhecido, que diz: "Pai rico, filho nobre e neto pobre."
Esta sabedoria, de origem simples, mas ao mesmo tempo pragmática, deve ser encarada com seriedade por controladores de grandes e médias empresas nacionais, em especial pelos que cultivam a ilusão de que o patrimônio construído — na maioria das vezes com muitos sacrifícios, disciplina e determinação, e que posteriormente será deixado para seus herdeiros — lhes permitirá que continuem desfrutando, no futuro, de um alto padrão de vida individual e familiar.

O cuidado, a atenção e o planejamento no que se refere à perpetuidade do patrimônio é uma das experiências e aprendizados das empresas familiares que ultrapassaram a barreira dos cem anos. Algumas delas criaram mecanismos preventivos, como: fundos de reserva; estruturas de caráter previdenciário; seguros de vida ou de saúde; programas e financiamentos para estimular novos empreendimentos entre os herdeiros; cursos, eventos e seminários para educação financeira das novas gerações; *family offices* etc. Todo este conjunto de iniciativas tem como finalidade criar formas efetivas de tornar os descendentes comprometidos e responsáveis pelo desenvolvimento de uma mentalidade de não dependência exclusiva dos rendimentos das empresas herdadas. Na prática, trata-se de criar, de forma gradativa, uma autonomia financeira segura — sobretudo à medida que as participações acionárias vão se pulverizando, em função do aumento de acionistas.

O que também foi possível encontrar em algumas famílias longevas foi a adoção de um processo educativo que visa preservar uma conduta de austeridade no relacionamento com o dinheiro. Estão incluídos, ainda, alguns cuidados na forma de manter um padrão de vida coerente com as origens familiares, levando em consideração a continuidade do patrimônio herdado.

Uma boa parte dos entrevistados tem claro que, numa realidade socioeconômica como a brasileira, de elevados contrastes, a postura dos descendentes deve harmonizar discurso e prática, além de criar estímulos e fundos destinados aos compromissos de responsabilidade social e sustentabilidade. Tudo isso, porém, precisa ser feito num processo em que cada geração se sinta responsável por agregar valor ao patrimônio recebido. Afinal, entre os novos desafios encontrados, estão o de desenvolver formas para equilibrar a capitalização permanente dos negócios ou do patrimônio e o de atentar para a existência de uma justa e real expectativa dos herdeiros do capital no que se refere à geração de liquidez para os atuais e futuros acionistas.

A estabilidade da economia brasileira e seu cenário empresarial mais competitivo, acrescido de uma perspectiva cada vez mais globalizante, já não asseguram a rentabilidade e uma liquidez constante. O futuro de cada uma das famílias empresariais irá depender, em grande parte, do equilíbrio entre o correto gerenciamento de todo este complexo processo. Ele deverá incluir uma razoável dose de racionalidade nas decisões patrimoniais e a consideração das variáveis emocionais que caracterizam as condutas e as expectativas dos envolvidos. Afinal, falamos de vínculos familiares e societários, em que não houve liberdade de escolha.

Além do crescimento quantitativo dos novos acionistas, ampliam-se, ainda, questões qualitativas, provenientes das condutas e dos desejos de cada um. Essas questões não são exclusivas das empresas familiares, ocorrendo também com todo tipo de profissional liberal ou investidor que se preocupa em criar um patrimônio para gerar riqueza. O risco, na maioria dos casos, está em que a construção patrimonial se baseia predominantemente na capacidade de trabalho e de disciplina dos fundadores, patriarcas ou titulares.

Vejamos, de forma bastante prática, alguns dos fatores que tendem a aumentar as demandas por liquidez por parte dos acionistas, seus dependentes e futuros herdeiros — em especial a partir da segunda geração. O que se segue foi originalmente elaborado pelo professor François Visscher e devidamente adaptado ao cenário e à realidade brasileira. Classificam-se os fatores como:

1. ocasionais;
2. familiares/societários;
3. financeiros.

Entre as que merecem destaque no quadro de necessidades ocasionais, temos: morte do titular, de familiar ou de herdeiro; divórcios ou separações; novo casamento do titular e familiares (especialmente considerando os regimes de casamento e o novo Código Civil); falência pessoal; criação ou dificuldades com negócios pessoais de herdeiros ou familiares; crises financeiras dos herdeiros ou seus familiares.

No âmbito das questões de ordem familiar/societária, podemos enumerar: conflitos familiares, tais como quebra de valores éticos e morais; problemas nas relações pessoais entre familiares e herdeiros; conflitos entre sócios ativos (envolvidos diretamente na gestão do patrimônio ou da empresa) e os sócios passivos (que estão fora da gestão dos negócios, mas que mantêm expectativas acerca da distribuição de lucros e benefícios); diversidades marcantes no padrão de vida dos herdeiros e familiares; desconhecimento sobre o resultado dos investimentos por falta de preparo ou informações; dependência financeira excessiva ou total dos rendimentos distribuídos pela empresa ou patrimônio; aumento das responsabilidades familiares ou financeiras dos herdeiros ou seus dependentes; e forte concentração etária gerando aumento das despesas com saúde.

Sobre os fatores financeiros, vale registrar: insatisfação com os dividendos distribuídos; falta de valorização do capital recebido pela distribuição de lucros; herdeiros sem outras fontes de investimentos além do patrimônio recebido; falta de, ou baixa, liquidez que permita uma gradativa capitalização das famílias e de seus descendentes; excessiva pulverização do controle acionário; e consequente aumento do número de pessoas que depende dos rendimentos da mesma fonte.

É sempre bom enfatizar que boa parte dos descendentes de famílias empresárias ambiciona manter seu padrão de vida. Dessa forma, o aumento destas demandas não é apenas quantitativo, mas também qualitativo.

Abaixo estão algumas sugestões práticas já seguidas por famílias que conseguiram ultrapassar a barreira centenária na gestão do seu patrimônio:

- Realizar reuniões regulares com acionistas e familiares, visando alertar sobre o tema e sobre seus impactos na vida da empresa e das pessoas;
- Estruturar e estimular a criação de fontes alternativas para a liquidez dos sócios, herdeiros e seus familiares;
- Manter sistemas de informações compreensíveis e atualizados sobre a situação do patrimônio;
- Criar programas educativos para os mais jovens sobre como administrar o dinheiro;
- Manter atualizada uma árvore genealógica das famílias dos sócios, junto com suas perspectivas de crescimento;
- Contemplar, no planejamento da empresa ou patrimônio, as necessidades atuais e futuras de liquidez, tanto dos acionistas quanto dos familiares;

- Desenvolver e acordar critérios e mecanismos que permitam a realização de transações acionárias ou patrimoniais entre sócios, familiares e terceiros;
- Ter uma política de dividendos claramente acordada entre todos;
- Estabelecer instrumentos previdenciários para eventuais situações de emergências, de forma a prevenir a descapitalização do patrimônio.

No entanto, todo este conjunto de cuidados exige preparo e muita conscientização do núcleo familiar inteiro. Para tanto, vale lançar um olhar sobre o passado e manter abertas possíveis relações com o patrimônio.

É da maior importância que cada geração se conscientize da necessidade de agregar valor ao que foi herdado. Além desta conduta, é cada vez mais imprescindível que a família, como um sistema em si, procure ser um "ativo" para não se tornar apenas um "passivo".

Uma análise feita recentemente revelou que apenas 13% das trezentas empresas mais afortunadas desde a década de 1980 conseguiram chegar ao século XXI. Das 87% restantes não existem mais notícias ou referências, embora, possivelmente não tenham se tornado famílias pobres. O que é possível saber, porém, é que a maior parte desse número gastou acima de 5% do seu patrimônio ao ano. Além disso, estas famílias também não tiveram o cuidado de diversificar seus investimentos, e por isso eles ficaram protegidos das instabilidades do mercado e do processo de globalização. Da mesma forma, outra pesquisa, realizada por uma instituição financeira que está entre as três maiores gestoras de patrimônio do mundo, indica que toda família considerada rica e que gaste mais de 3% ao ano do seu principal estará correndo sério risco de empobrecer.

Porém, o fenômeno mais impressionante deste novo século talvez seja a forma como a riqueza está mudando de mãos.

Segundo um estudo do Boston College Social Welfare, até 2052 15 trilhões de dólares vão mudar de mãos, e grande parte deste dinheiro irá para seus descendentes.

O mais grave, porém, na opinião da maioria dos estudiosos, é que boa parte destes herdeiros não estará minimamente preparada para administrar este volume de recursos. Os descendentes se tornarão proprietários de uma bela herança patrimonial sem terem uma clara noção do legado, dos compromissos e das responsabilidades que ela representa. E, enquanto isso, muitos filhos recebem de seus pais polpudas mesadas, cartões de crédito sem limite e acesso a todo um mundo de glamour e poder.

Analisando esta temática sob uma perspectiva didática, e considerando a experiência brasileira com as empresas centenárias, surge como alternativa a criação do Conselho de Família, estrutura útil no processo de sucessão e continuidade que permite, acima de tudo, que a família empresária tenha um fórum para discutir suas demandas, seus conflitos e seus interesses. Além disso, ela ajuda também a desenvolver uma liderança com características e habilidades muito específicas, em especial com a ausência do fundador, que, no seu papel de patriarca, englobava todas as capacidades de condução da família/patrimônio e da empresa.

A seguir está uma sucinta descrição da possível missão e atribuições de um Conselho de Família:

1. Missão: funcionar como um fórum em que as questões familiares (interesses, conflitos, expectativas, crescimento, ética, condutas etc.) relevantes sobre o patrimônio e as empresas possam ser discutidas e administradas.

2. Atribuições:
- Administrar todas as questões e os interesses das famílias com relação à sociedade e à empresa;
- Zelar pelos valores, pelo legado e pela história da família e sua transferência de gerações;

- Manter a disciplina da família em relação aos negócios;
- Elaborar, discutir, aprovar, administrar e atualizar o protocolo de conduta e ética familiar;
- Criar e administrar, para a família, sistemas formais de informações sobre a sociedade e os negócios;
- Funcionar como fórum representativo no conselho societário e de administração;
- Colaborar com as famílias, de forma estruturada, quanto à liquidez e aos negócios pessoais dos familiares;
- Criar e administrar programas de formação e treinamento dos familiares para o exercício do papel de acionistas;
- Administrar e orientar os familiares nas questões relativas à segurança pessoal e institucional;
- Administrar as atividades de responsabilidade social e filantrópicas da família e da sociedade;
- Planejar e coordenar assembleias, programas de treinamento e reuniões familiares;
- Criar e administrar programas de orientação vocacional, profissional e pessoal para os jovens herdeiros, de forma a complementar a orientação de cada família;
- Administrar um *family office* para serviços, investimentos, orientação e administração patrimonial.

É evidente que esta relação de atribuições é apenas parcial e não se aplica, necessariamente, a todos os casos e situações. Compete a cada grupo familiar dedicar seu tempo, atenção e interesse na busca das soluções que lhe pareçam adequadas. Para estes assuntos, não existem receitas ou modelos, até mesmo naquelas empresas que ultrapassaram os cem anos. Este livro, com as respectivas histórias centenárias, objetiva apenas mostrar que cada uma procurou encontrar seus próprios caminhos e ajustes. Afinal, este não é um tema pontual: é assunto e responsabilidade permanentes.

Empresa familiar no Brasil: origens e perspectivas

As origens da empresa familiar no Brasil têm uma profunda relação com os fluxos migratórios que aportaram no país entre, e após, as duas grandes guerras mundiais: italianos, portugueses, alemães, judeus, árabes e, mais recentemente, japoneses, coreanos e chineses. Registre-se, ainda, o fato de que vamos encontrar, regionalmente, alguns grupos mais localizados, a exemplo dos poloneses, radicados no Paraná, e dos espanhóis (da Galícia, especialmente), na Bahia.

A trajetória do nosso empresariado tem seu início durante o período do Brasil República, que de forma bastante simples pode ser dividida em quatro grandes fases: a getulista, que estimulou o surgimento da indústria de base nacional e tem como referências marcantes a CSN e a Petrobras; a juscelinista, marcada pelo ingresso do país no mundo da indústria automobilística e rodovias, do autosserviço e das interligações em dimensão nacional; militar, com forte conotação nacionalista e estatizante, responsável por introduzir o Brasil no setor petroquímico e ampliar as fontes supridoras e alternativas de energia; e a da redemocratização, o que expandiu o setor de serviços financeiros e abriu o mercado, iniciando o processo de internacionalização do país. Paralelamente a todo este processo, também houve uma consolidação das estruturas de representatividade, tanto dos empresários quanto dos trabalhadores. Associações de industriários, comerciantes e sindicatos tiveram uma atuação cada vez mais intensa nos diferentes momentos e episódios da nossa história contemporânea.

Observando este quadro sem uma análise muito profunda e extensa, verificamos que o início do nosso processo empresarial se deu num mercado fechado, protegido pelas relações com órgãos governamentais que tudo regulavam. Produtividade, preço, custos etc. não eram assuntos que se pautavam pelo consumidor. Bastavam boas relações em Brasília (que substituiu o Rio de Janeiro como capital) para que tudo pudesse ser resolvido a contento. Em muitas empresas, a equipe de "lobistas" e advogados era até maior que a de engenheiros ou técnicos especialistas no produto ou no serviço oferecido, pois estas eram figuras importantes no processo de concessões e fixação de preços.

Porém, alguns fenômenos muito rápidos, e para os quais grande parte do empresariado não estava preparada, atropelaram toda esta etapa de características mais cartoriais. A globalização tornou o Brasil participante ativo na internacionalização dos mercados, da economia, de produtos e de serviços. Pouco a pouco foram desaparecendo os vários setores que ainda se apoiavam no mercado fechado ou em monopólios, acomodados pela falta de desafios. Paralelamente, conseguimos viabilizar uma estabilidade econômica que também abalava os alicerces da empresa nacional. Desaparecia então o lucro fácil, calculado simplesmente com um acréscimo ao custo da matéria-prima e da mão de obra. Agora, os preços tinham de ser calculados a partir do poder de compra do consumidor, em especial porque, com o aumento da concorrência, era possível estabelecer comparações de preço e qualidade.

Da mesma forma, a rentabilidade das aplicações financeiras foi sendo substituída por ganhos de produtividade. Ao mesmo tempo, os nossos empreendedores envelheciam, e muitos não sentiram a necessidade, ou sequer eram capazes, de se tornarem empresários. Além disso, foram ainda atropelados pelo surgimento dos herdeiros, os quais, formados dentro da ideia de "dono", não compreendiam que a pulverização da propriedade lhes exigia um preparo maior. Eles se tornavam sócios impostos, deixavam-se envolver ou destruir pelas disputas de poder e status.

Por essa razão, hoje, a riqueza do país já mudou de mãos e famílias várias vezes. E, durante este processo, o próprio empresário se viu precisando encontrar novas fontes de poder, fora da sua empresa.

É este o momento que vivemos no Brasil. Entre suas questões relevantes, podemos listar: como perpetuar a empresa nacional de controle familiar? Como desvincular o controle da gestão enquanto o número de sócios herdeiros aumenta? Como realizar associações ou parcerias com outros grupos, tanto nacionais quanto estrangeiros? Como evitar que todos os membros da família se tornem dependentes financeira e profissionalmente do negócio? Como manter a empresa capitalizada sem criar novas insatisfações familiares? Como criar mecanismos jurídicos e tributários que funcionem de forma preventiva, a fim de evitar disputas onerosas para todas as partes? Como tornar a família, a sociedade e a empresa protagonistas deste novo Brasil que se insere, a cada dia, no contexto mundial?

Estas são algumas das perguntas urgentes que os atuais grupos controladores da empresa nacional estão se fazendo. Ao mesmo tempo, porém, são exatamente estas as questões que as empresas centenárias conseguiram enfrentar e que deram razão a este livro. Façamos da sua leitura, então, um processo de reflexão e aprendizagem.

Diferenças entre herança e legado

O aumento do número de fortunas pelo mundo afora decorre de vários fatores, inclusive da alta liquidez da economia mundial que tem provocado, entre os seus efeitos mais visíveis, a proliferação da oferta de produtos e serviços para a gestão patrimonial, da qual o Brasil tem sido um grande acolhedor. Porém, tanto aqui quanto em outros países da América Latina, o puro tratamento das questões patrimoniais, desvinculado de um cuidadoso preparo dos herdeiros em relação ao legado que irão receber, torna este processo incompleto.

A mesma dificuldade que alguns herdeiros apresentam para administrar o patrimônio material recebido legalmente também se manifesta no gerenciamento de suas raízes, origens, história e relacionamentos. Além disso, merece destaque especial, neste conjunto de fatores, a dificuldade que as novas gerações encontram no seu relacionamento com fundadores carismáticos, que representam — ou simbolizam — sucesso, superação, poder e, de maneira particular, determinação.

Assim, encaminhar a questão sucessória apenas sob a perspectiva patrimonial pode ser simplista demais. Afinal, este processo é mais abrangente, complexo e, acima de tudo, delicado. Ele exige o enfrentamento de emoções, preferências e, principalmente, ressentimentos.

A história de inúmeras dinastias — já acessível por meio da literatura, do cinema, do teatro e de outras diferentes manifestações artísticas — tem demonstrado o quanto este encaminhamento requer uma abordagem cuidadosa e profissional.

As pesquisas realizadas em todo o mundo comprovam que 65% das empresas familiares desapareceram devido às dificuldades que a família encontrou no trato das suas relações interpessoais e coletivas. Outro grande obstáculo foi (e continua sendo) a falta de habilidade das famílias em transmitir o legado aos herdeiros. Mais do que transmitir, é vital comprometer as novas gerações com a história e seus valores.

Na América Latina, este índice é ainda maior, atingindo os 70%. Isso se dá justamente em função do modelo que originou nossos grupos, em sua maioria criados pela determinação e pela capacidade intuitiva (fortemente individual) de imigrantes que fugiam de guerras ou outros tipos de adversidades. A maioria imaginou que, ao fundar uma empresa, estava construindo um futuro tranquilo para seus descendentes, numa tentativa de poupar os filhos dos sofrimentos vividos por eles.

Transformar uma família "normal" — aquela em que não existe qualquer patrimônio a ser transferido — em uma família empresária é um imenso desafio. Porém, é esta ação que vai determinar o sucesso na perpetuidade do legado, o que requer tempo, dedicação, humildade, paciência e capacidade de aprender. Neste processo, surgem novos papéis e maiores responsabilidades, além da necessidade de desenvolver formas para lidar, de maneira positiva, com seu passado, mas sob a perspectiva de um futuro a ser construído coletivamente.

Vejamos alguns pontos importantes que nem sempre são considerados no encaminhamento dos processos sucessórios e na preparação de uma família empresária. Existem três tipos de características possíveis para as empresas familiares:

1. empresas de controle familiar e gestão familiar;
2. empresas de controle familiar e gestão não familiar;
3. empresas de controle familiar e gestão mista (executivos familiares e não familiares).

É evidente que podemos fazer, ainda, outras tantas combinações, considerando o controle compartilhado com outro grupo investidor ou pela abertura de capital. Além disso, temos mais dois tipos distintos na origem das empresas familiares, a saber:

1. a unifamiliar (quando descendem de apenas um ramo familiar);
2. a multifamiliar (quando, desde a primeira geração, os fundadores não apresentavam, entre si, qualquer vínculo de parentesco. Eles se escolheram livremente e, por isso, puderam considerar algum tipo de afinidade ou complementaridade).

Estas variáveis tendem a apresentar grande importância no encaminhamento do tema. As abordagens não podem ser as mesmas para os dois casos. Deve ser levado em consideração que cada uma das empresas possui uma história peculiar.

Além do resgate do passado e dos valores da família, outros pontos merecem atenção no preparo das novas gerações. São os seguintes:

1. a formação dos herdeiros para que tenham uma clara compreensão do seu papel num patrimônio que os vincula acionariamente;
2. o desenvolvimento de um projeto de vida pessoal e profissional que permita ao herdeiro apropriar-se de seus sonhos, destino e realizações, não se transformando apenas em um dependente do sucesso da geração anterior;
3. o desenvolvimento de uma família empresária que se transforma num "ativo" para empresas e investimentos, evitando manter-se apenas como um "passivo" de custos elevados, que tendem a crescer numa progressão geométrica.

A solução para ajustar esses diferentes sistemas — família/patrimônio/empresa — exige muito mais do que estruturar a governança corporativa. Tanto a família como o relacionamento societário que emerge desta situação necessita da criação de fóruns específicos para equacionar as questões e os conflitos que tendem a surgir. Portanto, estas são áreas em que cada vez mais os tratamentos exigem profissionais e competências complementares. Administrar o patrimônio, as relações, o legado, os desejos, as ambições e as prioridades — individuais e coletivas — requerem, simultaneamente, complementaridade e visão de conjunto. Advogados, terapeutas, gestores de patrimônio, sociólogos, historiadores, antropólogos e outros profissionais com sensibilidade e competências podem realizar um trabalho integrado, e de grande contribuição, para a perpetuidade das famílias e de seus patrimônios. E tudo isso se aplica também àqueles casos em que a solução para as famílias é se desfazer dos seus negócios de origem. Afinal, mesmo nesta decisão seus vínculos familiares permanecerão.

Ser membro de uma família empresária implica ter "bônus" e "ônus". E, da mesma forma que cada familiar pode — e deve — sentir-se orgulhoso de pertencer à família e à sociedade, ambas também devem se sentir orgulhosas dos sócios e familiares que as compõem.

Empresas familiares europeias com mais de duzentos anos

As sagas das empresas familiares que desaparecem antes de atingir a terceira geração são bastante conhecidas e têm sido constantemente divulgadas nos mais diferentes meios de comunicação. Porém, até recentemente, pouco se sabia sobre famílias empresárias que ultrapassaram a barreira de um século. Aqui, em especial, vamos tratar das companhias bicentenárias europeias, cujas origens são as que mais se aproximam do formato das mais longevas empresas familiares brasileiras. Este capítulo abordará essencialmente os resultados de uma pesquisa coordenada por uma dupla de professores europeus, Alden G. Lank e Mônica Wagen. O estudo foi ampliado ainda pela experiência de um herdeiro da quinta geração de uma das empresas pesquisadas. Trata-se de Bill Gordon, sócio da indústria escocesa de bebidas William Grant & Sons.

Baseado na trilogia empresa/patrimônio/família, o trabalho reuniu as características determinantes na longevidade dos grupos familiares europeus, com mais de duzentos anos. Listamos aqui algumas de suas conclusões, com os respectivos comentários. Seguem os itens referentes ao quesito empresa:

1. preservar e desenvolver uma atuação fortemente competitiva em relação aos negócios;

2. manter um foco claramente estratégico e de longo prazo, ter muito claro o nicho de atuação e assegurar que a marca se

mantenha, ao longo de todo o tempo, como um ativo de alto valor agregado;

3. desenvolver um eficiente sistema de distribuição dos produtos e serviços;

4. estabelecer uma conduta de abertura para as oportunidades que permitam alianças estratégicas de forte valor agregado, sinergia e complementaridade;

5. crescer por meio de uma agressiva política de aquisições;

6. diversificar, tendo sempre como estratégia adicionar valor ao produto principal;

7. manter uma política mercadológica em que 60% da receita seja proveniente do mercado externo;

8. preservar uma forte capacidade de adaptação às exigências do mercado, originadas nos clientes, fornecedores e concorrentes.

Baseado nos indicadores listados acima, é possível concluir que a empresa familiar de vida longa tem uma forte visão de longo prazo. Em estratégias, a missão e o planejamento levam em conta os interesses do grupo de acionistas, do corpo executivo e do mercado, assim como das futuras gerações. São evitadas ações e medidas de curto prazo, típicas de grupos que desempenham apenas os papéis executivos vinculados a bonificações milionárias que dependem de performances rápidas. No sistema que inclui a família e o patrimônio, no qual são levados em consideração o vínculo societário e a importância que o grupo familiar destina para a manutenção do controle do capital, os professores também apresentam uma lista de fundamentos. Vejamos alguns deles:

1. criar e manter, tanto na família como na sociedade, uma visão comum e compartilhada;

2. fixar, em todas estas instâncias, estratégias alcançáveis;

3. estruturar instituições de governança apropriadas para a família e para o controle societário;

4. estabelecer, compartilhar e comprometer todos os envolvidos com uma clara separação dos papéis de cada um dos componentes nos diferentes sistemas;

5. admitir a existência de conflitos e criar estruturas, processos e instrumentos ágeis e legitimados para administrá-los;

6. desenvolver e implementar políticas de recursos humanos para toda a família por meio de acordos, protocolos e um código de ética;

7. estabelecer formas e comportamentos facilitadores que possam atrair, para a organização, executivos não familiares competentes;

8. estruturar um processo de sucessão eficiente tanto no âmbito da família quanto no da sociedade;

9. manter-se atento e agir preventivamente nas questões legais e tributárias;

10. criar programas educativos para os mais jovens a fim de instruí-los sobre o significado de fazer parte de uma família empresária;

11. promover cursos e eventos que formem os herdeiros para o papel de acionistas;

12. organizar eventos para que a família possa se conhecer melhor, se divertir e, com isso, ampliar sua integração;

13. criar e manter atualizado o Acordo de Acionistas;

14. priorizar a empresa antes da família em todos os processos decisórios e na administração dos conflitos;

15. estimular o orgulho e a paixão de pertencer a uma família empresária;

16. preservar um espírito de independência em cada membro do grupo e estimular a busca de sua realização pessoal e profissional.

Uma rápida observação deste conjunto de fatores nos mostra o quanto é necessário um processo educativo das famílias. Isso deixa clara a utilidade de gerar conhecimento sobre os legítimos direitos e deveres de cada um dos sócios. Neste caso, o uso da palavra processo — no sentido amplo e dinâmico da expressão — é bastante apropriado, especialmente pelo fato de que este desafio se altera e se renova a cada geração.

Uma das mais importantes conclusões a que chegaram os professores europeus reforça a orientação em que acreditamos acerca dos processos de apoio à empresa nacional. A continuidade nos grupos familiares não se restringe a encontrar sucessores qualificados para o gerenciamento dos negócios. Tão fundamental quanto ter bons gestores, familiares ou não familiares, é ter parentes e acionistas conscientes e preparados para os seus diferentes desafios.

O exemplo das empresas longevas merece ser olhado e analisado com interesse. Nada deve ser imitado, pois cada caso é um caso; porém, guardadas as peculiaridades de cada família, patrimônio, sociedade e empresa, as referências podem ser úteis, sobretudo num país com a nossa diversidade cultural.

Parte III

Posfácio

O que é um posfácio? Ao sermos convidados para escrevê-lo nos demos conta de que não tínhamos total clareza e saímos em busca de definições.

Um posfácio é a declaração final do autor de um livro ou de outra pessoa e vem ao termo da obra, ao contrário do prefácio. Porém, o que dizer quando parece que tudo já foi dito? O que fazer quando parece que tudo já foi feito? Estas questões traduzem, coincidentemente, o desafio das próximas gerações empresariais, que devem "posfaciar" histórias incríveis e que parecem já ter atingido seu ápice. Além disso, elas precisam se mostrar capazes de "escrever" novas histórias, para que novos posfácios possam surgir. Gerações sucessoras partem de um ponto em que o mais difícil parece estar pronto, precisando enfrentar emoções, muitas vezes ambíguas, como alegria, desejo, vontade, medo, dúvida, insegurança. Como dominar estas sensações e seguir em frente?

Ao falar de sucessores, nos referimos a todos aqueles que compõem as próximas gerações porque, para nós, o desafio não se apresenta somente na gestão. Existem ao menos três processos de sucessão ocorrendo na transição de gerações: um na família, outro no patrimônio e um terceiro na empresa. A família irá crescer em quantidade e diversidade, haverá uma pulverização do capital e um consequente aumento do número de sócios, e, portanto, a complexidade dos negócios será inevitável. Para cada um destes sistemas será necessário um planejamento que vislumbre o prosseguimento, com ações, estrutura e lideranças adequadas. Este é o plano de sucessão e continuidade, e ele não começa na empresa, como nos ensinam os relatos centenários; faz parte da responsabilidade familiar.

Portanto, completar cem anos exigiu a combinação de elementos tangíveis e intangíveis. No campo da preservação do patrimônio e dos negócios, saltam aos olhos as ações estruturais, que podem ser vislumbradas numa gestão com padrões de mercado e um planejamento estratégico, exercendo a prática contínua e a escolha de lideranças por meritocracia. Estes são aspectos exemplares do que denominamos governança visível ou corporativa.

No entanto, o diferencial da continuidade deu-se, confirmando nossas crenças, principalmente em aspectos intangíveis. Relatos de planejamento e ações no campo da família e do patrimônio, que foram aqui retratados, mas não estão em relatórios anuais. Damos a este processo o nome de governança invisível, a qual constitui nível de governança que exige a mesma dedicação e afinco destinados aos aspectos tangíveis, estruturais ou contratuais. Duas de suas principais responsabilidades, apontadas nestes relatos, incluem a gestão das relações e o desenvolvimento do capital humano na família empresária.

Gestão das relações

As famílias empresárias estão focadas em trabalho e resultados, aspectos racionais. Explorar aspectos invisíveis envolve resgatar histórias antigas sob os sentimentos e a visão de cada um, assim como a comunicação entre os parentes, a influência materna e paterna, a qualidade da relação entre os irmãos e sua disposição para trabalhar em equipe. Estes são temas que podem soar como distantes da gestão de empresas, porém nos sinalizam aspectos subjetivos que influenciam o processo. Parte do desafio é construir todo o processo de transição considerando a convivência de duas ou mais gerações adultas, seus momentos de vida, as necessidades de crescimento, as possibilidades de aliança e a relação harmônica necessária para isso. Como na passagem de bastão realizada em corridas de alta performance, no processo de sucessão e continuidade existe uma zona de transição, na qual os protagonistas correm juntos até que o bastão seja passado. No âmbito das famílias empresárias, este período poderá corresponder a vinte, trinta ou quarenta anos de convivência entre gerações adultas.

Desenvolvimento do capital humano

Famílias empresárias centenárias também nos ensinam a importância de investir em suas próximas gerações reconhecendo a necessidade de capital humano para encarar os múltiplos desafios impostos pelo tempo. Para que estes grupos possam tornar-se centenários, são necessárias pessoas determinadas, dedicadas e, principalmente, dispostas a fazer o que for necessário para deixar seu legado a uma próxima geração. Sucessores são aqueles que prosseguem, assumem o dever da continuidade, estejam eles trabalhando ou não nas empresas da família. E, para isso, precisam escolher como agregar valor ao que foi herdado, sendo um sócio ou acionista, atuando em algum dos órgãos de governança, exercendo a função de conselheiro etc. Considerar que o desenvolvimento pessoal precede as escolhas profissionais, criar um ambiente de estímulo ao processo de educação contínua e tratar a herança como parte da responsabilidade das próximas gerações faz parte da responsabilidade de cada um dos familiares, sócios e cônjuges. Portanto, o trabalho de continuidade começa em casa. Cada membro da família empresária deve fazer uma reflexão sobre o quanto é investido em seus familiares, nos futuros sócios e nas próximas gerações.

Estudos comprovam que, como proprietárias de empresas, as famílias aportam maior agilidade de resposta, uma cultura mais coesa e, um compromisso de longo prazo maior na condução dos negócios do que os grupos não familiares. Para isso, porém, é necessário investir no desenvolvimento da própria família. A chave é tornar o invisível visível, vendo a família não como uma fraqueza, mas como uma das forças de sustentação da economia brasileira.

A höft completou 35 anos em 2010 e se mantém como referência no mercado de sucessão, continuidade e transição de gerações. Nós, Renato, Renata e Wagner, respectivamente pai, filha e genro, há dez anos como sócios, vivemos relações familiares, societárias e profissionais entre adultos. Sem desafios? Não, apesar de nossa especialidade no assunto. O que podemos afirmar até o momento é a importância do diálogo aberto, franco e transparente para esta construção contínua. Além disso, não poderíamos nos aventurar neste projeto sem o claro desejo do fundador de dar continuidade à sua obra e de permitir que possam coexistir protagonistas nesta história, o que requer tolerância com as mudanças cotidianas e um enorme desapego a médio e longo prazo.

Este posfácio tem também o objetivo de reconhecer aquilo que veio antes de nós. Agradecemos ao nosso fundador, pai e sogro por sua construção e pelo legado que herdamos. Trabalharemos com amor para dar continuidade ao sonho da höft, inspirando-nos na inovação e no pioneirismo que marcaram estes 35 anos de história.

Da mesma forma, desejamos sucesso a todos vocês, leitores, na transição de gerações.

Renata Bernhoeft e Wagner Luiz Teixeira

Bibliografia

Livros

BERNHOEFT, Renato. *Como criar, manter e sair de uma sociedade familiar (sem brigar)*. São Paulo: Senac, 1996.

_____; BERNHOEFT, Renata. *Cartas a um jovem herdeiro*. Rio de janeiro: Campus - Elsevier, 2007.

_____; CASTANHEIRA, Joaquim. *Manual de sobrevivência para sócios e herdeiros*. São Paulo: Nobel, 1995.

_____; CORTONI, Suzy Sveibil. *As herdeiras*. São Paulo: Nobel, 1993.

_____; GALLO, Miguel. *Governança na empresa familiar: gestão, poder, sucessão*. Rio de Janeiro: Campus, 2003.

CABRAL, Germana; SAMPAIO, Giovana; CASTELLO, José. *Ypióca 160 anos: A saga de uma família. A história de uma paixão. O segredo de uma lenda*. Fortaleza: Tempo d'Imagem, 2007.

LEITE, Zé. *Ypióca 1846-1996, sua história minha vida*. Fortaleza: Tiprogresso.

MASCARENHAS, Geraldo Magalhães. *Centenário da fábrica de tecido Cedro e Cachoeira: 1872-1972*. Belo Horizonte: Minas Gráficas, 1972.

VAZ, Alisson Mascarenhas. *Bernardo Mascarenhas: desarrumando o arrumado — um homem de negócios do século XIX*. Belo Horizonte: Cia. de Fiação e Tecidos Cedro e Cachoeira, 2005.

Fontes de consulta

Jornal *Valor Econômico* (www.valoronline.com.br)
Revista *Capital Aberto* (www.capitalaberto.com.br)
Revista *Exame* (www.portalexame.com.br)
Revista *Pequenas Empresas & Grandes Negócios* (www.revistapegn.globo.com)

Sites das empresas pesquisadas

Casa da Bóia (www.casadaboia.com.br)
Cedro Cachoeira (www.cedrocachoeira.com.br)
Gerdau (www.gerdau.com.br)
SulAmérica (www.sulamerica.com.br)
Ypióca (www.ypioca.com.br)